创新设计前沿

U0654513

保加利亚乡村振兴研究

王玲 车生泉 著

上海交通大学出版社
SHANGHAI JIAO TONG UNIVERSITY PRESS

内容提要

　　本书通过对保加利亚20个典型村落的实地调查和160个农场主的访谈,深入了解保加利亚乡村的自然与文化资源,从区域、村落、街区三个层面剖析保加利亚乡村的典型空间结构,从生态学角度研究保加利亚乡村的植物群落特征和群落生境景观,分类探讨保加利亚乡村建筑风貌与环境建设特征,并对保加利亚乡村可持续治理的制度环境进行综合评价;本书同时还将调研成果应用于保加利亚乡村景观规划设计以及保加利亚农业园景观的改造设计项目上,发掘乡村振兴方面积极有效的国际经验,并为中国及保加利亚双方的乡村发展策略与相应的规划设计途径提供参考。

图书在版编目(C I P)数据

　　保加利亚乡村振兴研究 / 王玲,车生泉著.—上海:
上海交通大学出版社,2019
　　ISBN 978-7-313-22692-1

　　Ⅰ.①保…　Ⅱ.①王…②车…　Ⅲ.①农村经济发展-研究-
保加利亚　Ⅳ.①F354.44

　　中国版本图书馆 CIP 数据核字(2019)第 282782 号

保加利亚乡村振兴研究
BAOJIALIYA XIANGCUN ZHENXING YANJIU

著　　者:王　玲　车生泉
出版发行:上海交通大学出版社　　　　　　地　　址:上海市番禺路 951 号
邮政编码:200030　　　　　　　　　　　　电　　话:021-64071208
印　　刷:苏州市古得堡数码印刷有限公司　经　　销:全国新华书店
开　　本:710mm×1000mm　1/16　　　　　印　　张:13.25
字　　数:197 千字
版　　次:2019 年 12 月第 1 版　　　　　　印　　次:2019 年 12 月第 1 次印刷
书　　号:ISBN 978-7-313-22692-1
定　　价:69.00 元

前　言

自 2013 年 9 月和 10 月习近平主席分别提出建设"新丝绸之路经济带"和"21 世纪海上丝绸之路"以来,"一带一路"倡议已发展成为国家级顶层战略,连接着欧亚非多个重要国家。保加利亚位于巴尔干半岛,是中东欧地区历史悠久的国家之一,是中国与中东欧合作的桥头堡,其区位战略意义重大。

上海交通大学为服务国家战略,对接"一带一路"合作,在 2016 年成立了保加利亚研究中心,并于 2018 年在保加利亚首都索菲亚设置了海外中心,对接中东欧科技、教育和文化的合作。近 4 年来,承担中国和保加利亚国际合作项目 3 项,举办中保乡村振兴合作发展论坛 3 次,举办"一带一路"高端培训班 3 次,举办保加利亚暑期学校交流 3 次,承担"上海交通大学全球挑战计划"中东欧乡村振兴实践项目 2 次,举办各种学术和人文交流 20 余次。2019 年 4 月保加利亚总统鲁门·拉德夫访问上海交通大学。

保加利亚农业产业占比大,以玫瑰与玫瑰精油、葡萄与葡萄酒、畜牧与保加利亚酸奶等为特色,同时保加利亚乡村分布广、数量大,但存在着农村空巢化、劳动力短缺、部分耕地荒芜、农村生活水平不佳等问题。本书通过挑选典型村落对保加利亚乡村生态、空间、建筑、产业及文化资源的情况进行摸排、深化调研与理性分析;针对保加利亚乡村社会、经济、历史、文化、环境、产业与制度环境等方面进行综合评价;并且将调研成果应用于保加利亚乡村景观与农业园景观的改造项目上,发掘在非遗保护与乡村振兴方面积极有效的国际经验,为中国及保加利亚双方乡村的发展提供发展策略与规划设计途径的参考。本书部分成果被保加利亚 2020—2030 发展战略规划所采纳。

在党的十九大报告中,习近平总书记明确提出了乡村振兴战略,农业农村农民问题是关系国计民生的根本性问题,其振兴发展是国家振兴的重要组成部分。

加入"一带一路"倡议的国家中,多数是发展中国家,它们面临着与中国类似的乡村发展历史与现实问题挑战。本书希望通过对保加利亚乡村的调研与乡村振兴策略探讨,能同时为中国和保加利亚的乡村振兴计划提供有益的参考。

2019年是中国与保加利亚共和国建交七十周年,希望以乡村振兴国际经验交流分享为立足点,增进两国友谊,加强中保文化认同感,推动双方科技、文化进一步交流。

本书得到"中国—保加利亚政府间科技例会项目(2017)"和"中国科技部保加利亚外援项目(项目编号:KY201702012)"及"上海交通大学全球挑战计划"的支持。参与研究、编写和照片拍摄的中方人员包括:上海交通大学设计学院的教师王玲和车生泉;研究生:许鑫、梁安泽、顾娟、曹畅、邱烨姗、金楚凡与陈猎雪;本科生:胡森豪、周昱雯、金书明、谢宏立、邓泽旭、吴哲群、龙泽宇。保方人员为保加利亚索非亚农业经济研究所人员:Hrabrin Bachev, Bodjidar Ivanov, Vasil Stoychev等。感谢普罗夫迪夫农业大学校长 Hristina Yancheva,副校长 Svetla Yancheva, Lyubka Koleva, Adelina Harizanova 和 Atanas Sevov。感谢中国驻保加利亚大使馆工作人员:科技负责人、一等秘书罗青先生,一等秘书盖红波女士,农业负责人、一等秘书李凯航先生,教育负责人毛彦成先生。感谢保加利亚驻上海总领馆:前总领事 Dimitar Abadjiev,现任总领事 Dimitri Pampoulov,副总领事 Angel George,商务领事 Kostadin Djatev。感谢科技部国际司欧亚处和教育部国际司的指导,感谢上海交通大学国际合作交流处的指导,感谢上海市对外社会经济协会孙扬副秘书长的帮助。

目　录

第一章 保加利亚乡村发展背景

保加利亚共和国(保加利亚语:Народна република България),简称保加利亚,国土面积为 110 994km²,边界线总长 2 245km,其中陆界 1 181km,河界 686km,海岸线 378km(见图 1-1)。从地理位置来看,保加利亚位于巴尔干半岛东北部,国土面积不大,是欧洲第 16 大国,但却和多个国家接壤,东邻黑海,西部毗邻马其顿和塞尔维亚,北部与罗马尼亚以多瑙河为界,南部则紧邻土耳其和希腊,是个被诸多欧洲国家包围着的小国家。

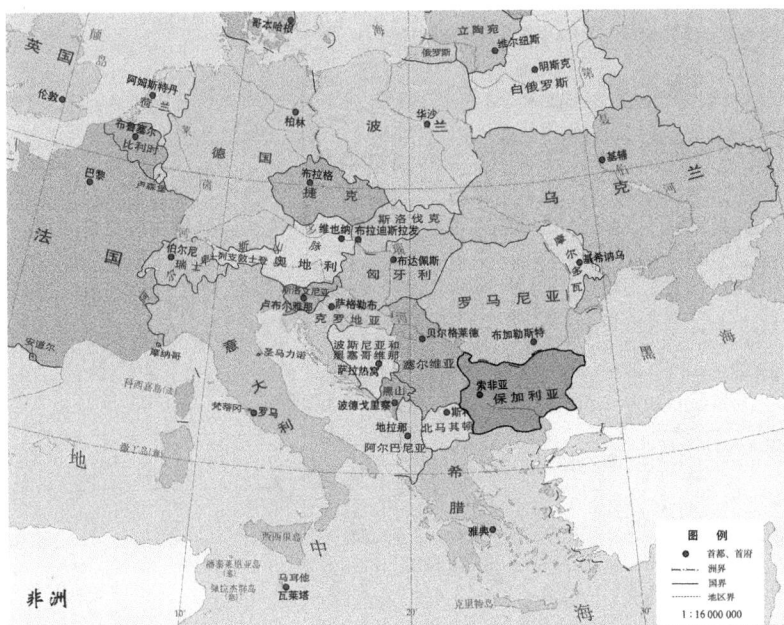

审图号:GS(2016)2939号　　　　　　　　　　　自然资源部 监制

图 1-1 保加利亚地理区位图

(资料来源:根据中国地图出版集团网站上"欧洲地图",http://bzdt.ch.mnr.gov.cn/browse.html? picId="4o28b0625501ad13015501ad2bfc0087"绘制)

第一节　保加利亚地理与自然条件特征

一、地理特征

保加利亚境内平均海拔高度为 470m，全境 70% 为山地和丘陵，3% 为高山（超过 1 500m）。巴尔干山脉从保加利亚境内一直向东延伸到黑海，山脉的阻隔很好地在巴尔干半岛的保加利亚中部划分出不同的地形地貌（见图 1-2）。同时也使得巴尔干半岛自然地形成了流域，河流从北流到多瑙河，向南则流经希腊北部后流入爱琴海，东部地区一些较小的河流直接汇入黑海。Sredna Gora（中央山脉）是巴尔干山脉中一条长约 160km、高 1 600m 的狭窄山脊，从东到西平行于巴尔干半岛，其南边形成的山谷则被称作玫瑰谷，以香水和利口酒中使用的玫瑰油而闻名。

图 1-2　保加利亚地形地貌示意

（资料来源：根据 https://map.51240.com/baojialiya_map/绘制）

巴尔干山脉的南坡和中央山脉围合出了肥沃而丰饶的色雷斯（Thrace）平

原。色雷斯平原布局形状大致呈三角形,起源于索非亚附近山脉以东,并向东扩展直到黑海。它包括了马里查(Maritsa)河谷和从河流延伸到黑海的低地部分。但像多瑙河高原一样,色雷斯平原并非纯粹的平原地带,大部分地区都带有丘陵,大部分微微起伏而平缓的地形十分适合人们耕种劳作。

二、自然条件

(一)气候条件

保加利亚属大陆性气候,四季分明,北部受黑海影响,属大陆性气候;南部受地中海影响。冬季比较寒冷,1月平均气温−2~2℃;夏季较热,全国7月份平均气温在20~25℃之间。由于保加利亚内部气候区域分布差异,自北向南温度逐渐升高。位于北保加利亚的多瑙河丘陵平原的中部和多布罗加的年平均气温为10.2℃,1月份平均气温为−1~2℃,而在南部的佩特里奇市和散开丹基市的年平均温度为14~15.5℃,1月平均气温为2~3℃。北保加利亚的全年温差大,而黑海沿岸和山区的温差较小。保加利亚的冬天常有降雪,高山地区终年积雪,皮林(Pirin)山甚至还有雪堆和雪冰。

(二)水文条件

保加利亚总年降水量适中,平均每年630mm,降水量自西向东递减。由于保加利亚内部气候区域分布差异,整个国家的降雨分布不均匀,季节性差异较大,不同区域降雨差异也明显。在巴尔干山北部、里拉山等山区雨量充沛,年降雨量为1000mm左右。平原和丘陵地区降雨量为500~800mm。黑海沿岸地区以及色雷斯平原的部分地区通常不到500mm。色雷斯平原经常遭遇夏季干旱。

保加利亚水资源丰富,拥有约540条河流和大约400个湖泊的密集网络。横贯保加利亚的巴尔干山脉将保加利亚的河流分为两大水系,巴尔干山脉以北的河流通过多瑙河流入黑海,以南的河流则大多流入爱琴海。保加利亚国土的57%属于黑海流域,43%属于爱琴海流域。保加利亚地下水资源比较丰富,地下水大部分适于饮用,已开发并获认证的矿泉水资源在欧洲占第二位。目前,保加利亚有著名矿泉500处左右,如沃尔舍茨(Varshets)和希萨里亚(Hisarya)镇,多数适用于饮用和医疗。

（三）生物资源

保加利亚的生物多样性，是欧洲生物资源最丰富的国家之一。保加利亚有三个国家公园（皮林国家公园、里拉（Rila）国家公园、巴尔干中央国家公园），11个自然公园，16个生物圈保护区和565个自然保护区。

1. 植物资源

保加利亚的森林面积约412万ha^2，约占国土面积的37%，主要由阔叶林和针叶林组成。其中3/4为阔叶林，1/4是针叶林。阔叶林以栎属和山毛榉属为主。由各种栎树——夏橡木、冬橡木和橡树组成的栎树混合林分布在海拔700m以下的低地和800～1 000m高度的向阳坡。与橡树混生的，还有榆树、桦树椴树和槭树等。在地中海过渡地区主要生长着毛橡和东方千金榆。千金榆一般处于栎属和生长在高山的山毛榉属的过渡地带，并生长在山的北坡和阴凉地。保加利亚的针叶林主要有云杉、冷杉、欧洲赤松、黑松和白斯松，主要分布在1 300～2 000m的高山上。云杉、冷杉和欧洲赤松组成了里拉山、皮林山、西罗多彼山的针叶林。

灌木林一般与中欧阔叶林混生在一起。在北部，灌木的代表主要是橡树，而在南部是毛橡、东方千斤榆、刺滨枣和地中海常绿灌木群。草本植物分布在河流沿岸的低地、山坡和高山顶上。它们在保加利亚主要是草地和牧场上的植物群落，位于1 000m或1 500m以下的潮湿土壤上。

保加利亚科学院院士、著名植物学家尼·斯托扬诺夫把保加利亚划分为8个植物区，每个植物区都有自己的特点。这8个植物区及其特点是：

（1）南多布罗加植物区。它是草原植物区。过去它被草原植物和森林草原植物所覆盖，现在则被农作物取代。

（2）多瑙河平原植物区。它北起多瑙河南岸，南与黄土分布线相接，东至卢多戈里埃森林带。随着农业的发展，这里大部分已种上了农作物。只有在多瑙河沿岸及其岛屿上生长着茂密的柳林。

（3）北保加利亚植物区。它包括整个巴尔干山区、卢多戈里埃以及中部山的西部。在这个植物区以中欧森林植物为主。在南部低山坡主要生长着橡树，北部低山坡多为千斤榆。高山处是针叶林。在中部山的西部各地主要被中欧阔叶植物覆盖。

（4）西南保加利亚植物区。它包括该植物区的高山和中高山：里拉山、皮林山、西罗多彼山、维多沙山、留林山和中部山等。中高山和盆地像巴尔干山一样，以典型的中欧阔叶林为特点，主要有橡树、山毛榉树和千斤榆。在高山分布着针叶林木。

（5）上色雷斯植物区。它包括上色雷斯低地、中部山、下巴尔干平原和东罗多彼山等地区。这个植物区遍布混杂着大量俄亚（指黑海和小亚细亚一带）种中欧植物群落。在下巴尔干的卡尔洛沃盆地和卡赞勒克盆地是闻名世界的玫瑰谷，盛产玫瑰油。

（6）黑海沿岸植物区。这里生长着典型的俄亚植物种——东方山毛榉树和野酸梨等，隆戈兹林在该植物区也很普遍。

（7）斯特兰贾植物区。它是指斯特兰贾山东北的地区。该植物区分布最广的是橡树混合林以及许多独特的接近小亚细亚的俄亚—科尔希达植物种。其中东方山毛榉树、长春花属和杜鹃花等占有特殊的地位。

（8）皮林植物区。它包括保加利亚的西南部地区：从斯特鲁马河谷到科尼亚沃山，从梅斯塔河谷至莫明隘口、皮林山的中部和南部、斯拉维扬卡山、琴格尔、贝拉希查和奥格拉日登。长春花属、树状璎珞柏和椰子栎等常年生灌木丛是这个区的代表性植物。

2. 动物资源

保加利亚目前发现有 3 万多种动物，大部分是陆生动物，蜘蛛状动物和昆虫占第 1 位。脊椎动物有 800 多种，是欧洲最丰富的动物群之一。其中鱼类有 217 种左右，两栖动物 19 种，爬行动物 37 种，鸟类 409 种，哺乳动物 97 种。保加利亚的动物主要有蝶类、鼠类、鸟类、鹰科、松鸡、野鸽子、貂、岩羚羊、鹿、野山羊、狐狸、胡狼、狼、熊、蛙类、蝾类、蜥蜴、蛇类等等。保加利亚所有筑巢鸟类中的三分之一可以在里拉国家公园找到，该公园也是高海拔地区的北极和高山物种聚集地。

保加利亚分为 3 个动物区：①多瑙河以南（包括多瑙河平原）、巴尔干山脉、西南保加利亚和里拉—罗多彼山动物区。这个动物区是欧洲—西伯利亚动物区。这里 50%～60% 的动物种属于中欧和北欧动物种。其中有兔、刺猬、松鼠、田鼠、黄鼠狼、鹰、猫头鹰、野鸭等，还有多种中欧蜘蛛。在山区有野猪、野山羊、鹿、羚羊、熊、狼、狐狸和貂。中欧动物一般生活在海拔 800m 的地方。②地中海动物区。它包括上色雷斯低地、罗多彼山的最东部、斯特兰贾山和黑海沿岸。地中海动物在低地和低山地带活动,例如蝮蛇、游蛇、毒蜘蛛。③南多布罗加动物区。南多布罗加属于草原性动物区。这里生活着啮齿科动物和蝗虫等,以及像天鹅这样的过渡性地中海动物。鸟类会栖息在多瑙河或者黑海沿岸的湖泊里。

第二节　保加利亚历史变革

保加利亚土地上的人类活动可以追溯到公元前 10 万—4 万年,色雷斯人是保加利亚有史记载的最古老居民。公元 395 年并入拜占庭帝国。从公元前 12 世纪,色雷斯人便生活在这片土地上,建立了自己的国家,主要从事农业和畜牧业,其金器制造技术已发展到较高水平,他们是巴尔干半岛上的土著人,属于印欧人种。公元 1 世纪,罗马帝国征服了色雷斯国家之后,色雷斯人在巴尔干半岛逐渐消失了,其部分后裔演化为今天的卡拉卡昌人和库作瓦拉几亚人。近代以来,色雷斯人在公元前 3—4 世纪的墓葬逐渐被考古发现(见图 1-3)。

图 1-3　色雷斯墓葬遗址

在色雷斯人之后,古保加利亚人(保加尔人)来到巴尔干半岛南部的保加利亚,他们是突厥种族,保加尔人由世袭的可汗统治,语言是突厥语中乌戈尔支。他们属突厥文化,使用古突厥文,他们历法与突厥一样。公元 2 世纪,他们从中亚西迁来到东欧,定居在里海和黑海之间的地区。

681 年,斯拉夫人和保加尔人在多瑙河流域建立斯拉夫保加利亚王国(史称第一保加利亚王国)。保加利亚自建国后 13 个世纪以来一直没有改变过国名,这在欧洲历史上具有唯一性。1018 年保加利亚被拜占庭占领。1185 年建立第二保加利亚王国。1396 年被奥斯曼土耳其帝国占领。1878 年,保加利亚摆脱奥斯曼土耳其帝国的统治宣布独立。其后的两次世界大战中,保加利亚均为战败国。1944 年 9 月 9 日,成立以保加利亚共产党和农民联盟为主体的祖国阵线政府,并宣布建立保加利亚人民共和国。此后保加利亚共产党长期执政。1989 年东欧剧变期间,保加利亚国内政权更迭,改行多党议会民主制。1990 年 11 月 15 日,改国名为保加利亚共和国。

一、保加利亚第一王国(681—1018 年)

公元 7 世纪 50 年代,保加尔人在库布拉特的领导下建立了强大的部落联盟,史称"大保加利亚"。他死后,"大保加利亚"受到了可萨人的入侵和吞并,在公元 7 世纪 70 年代一部分撤到伏尔加河流域,后来被称为"伏尔保加利亚"。库布拉特的儿子阿斯巴鲁赫率领一部分保加尔人来到多瑙河的下游。这时候一些斯拉夫人也来到了多瑙河流域。斯拉夫人属于欧罗巴人种东欧类型和巴尔干类型,分为西部斯拉夫人、东部斯拉夫人和南部斯拉夫人,来到保加利亚的即是南部斯拉夫人,双方在不断地交流、生活中逐渐融合,达成了共同抵御拜占庭和其他敌人的协议。公元 681 年,建立了斯拉夫保加利亚王国,这便是历史上的保加利亚第一王国。

在公元 7—9 世纪,保加尔人渐渐被斯拉夫人同化,并采用一种南斯拉夫语族之保加利亚语,保加尔人和斯拉夫人融合为保加利亚人。鲍里斯可汗在 865 年接受东正教,东正教被立为国教,建于索非亚的亚历山大·涅夫斯基大教堂是巴尔干半岛第二大东正教教堂(见图 1-4)。由生于帖撒罗尼加的传道士圣西里尔及圣梅索迪斯所创之格拉哥里字母(Cyrillic Script)在保加利亚传播,形成斯拉夫字母和文字的基础,保加利亚成为使用和推广斯拉夫文字和文化的中心,逐渐形成了古保加利亚文字(见图 1-5)。圣西里尔和圣梅索迪斯受到斯拉夫国家的敬仰,保加利亚把每年的 5 月 24 定为"斯拉夫文字节"。

图 1-4　亚历山大·涅夫斯基大教堂

图 1-5　格拉哥里字母

(资料来源:http://www.altours-bg.com/did-you-know/)

公元 10 世纪,被称为保加利亚的"黄金世纪",当时的西美昂一世(或称西美昂大帝,893 年至 927 年在位)是保加利亚中世纪历史上一位明君和杰出的领袖,是第一王国极强大时期的君主。在西美昂死后,保加利亚开始走下坡路。972 年,拜占庭皇帝约翰一世将保加利亚东部领土收为保护国,西部以马其顿为中心的领土(西保加利亚王国)暂时保持独立。1014 年,被称为"保加利亚屠夫"的拜占庭皇帝巴西尔二世在克雷迪昂战役中大败保加利亚沙皇萨穆伊尔,逐步占领保加利亚西部。1018 年,拜占庭帝国统治了整个保加利亚,保加利亚第一王国宣告灭亡。1018—1186 年,保加利亚成为拜占庭帝国的一个行省。一方面拜占庭教会的目标是同化保加利亚人,另一方面,拜占庭官员对保加利亚处处征收重税,很多保加利亚人沦为奴隶。在保加利亚人民的历史中,拜占庭统治时期是最艰难的时期之一。

二、保加利亚第二帝国(1187—1393 年)

1186 年,保加利亚贵族兄弟阿森和佩特尔两人发动反对拜占庭统治的起义,迫使拜占庭于 1187 年承认保加利亚独立,由此建立了保加利亚第二王国(帝国),定都大特尔诺沃(Veliko Tarnovo)(见图 1-6)。阿森和佩特尔先后执政,之后阿森二世执政。阿森二世才能卓越,积极扩大保加利亚版图。在其执政期间,保加利亚领土东起黑海,西临亚得里亚海,北至多瑙河,南到爱琴海,成为巴尔干半岛上最强大的国家。阿森二世还铸造硬币,鼓励通商和贸易,公元 13 和 14 世纪时的保加利亚在政治、经济、艺术、教育上得到全面发展,国家再度繁荣,成为欧洲最强盛的国家之一。

13 世纪,蒙古鞑靼人已横扫中东欧地区,越过多瑙河。逃难的匈牙利人和库曼尼人涌入保加利亚,国家经济和军事实力大为减弱。1241 年,阿森二世去世之后,保加利亚陷入长期的内讧,加之拜占庭人和匈奴人也相继进犯和掠夺,保加利亚逐渐由盛转衰。彼时,土耳其国已形成一个强有力的封建统治政权,占领了拜占庭帝国的大片土地。保加利亚紧邻拜占庭,首当其冲地成为奥斯曼土耳其帝国入侵巴尔干半岛的跳板。1393 年,整个保加利亚沦于奥斯曼土耳其统治之下,第二王国灭亡,随后巴尔干的其他国家也先后被奥斯曼土耳其征服。

图 1-6　大特尔诺沃

（资料来源：http://www.altours-bg.com/veliko-turnovo/）

三、奥斯曼帝国统治时期（1393—1878 年）

1369 年，奥斯曼土耳其人入侵保加利亚领土，1370 年占领普罗夫迪夫，1382 年索非亚城市沦陷，1388 年奥斯曼土耳其军队越过巴尔干山脉深入保加利亚东部，1393 年，奥斯曼帝国占领了保加利亚第二帝国的首都特尔诺夫，伊万·希什曼沙皇被捕，数月后死亡，1396 年保加利亚最后一个君主国维丁失守，奥斯曼帝国占领整个保加利亚。之后的 5 个世纪，保加利亚处于奥斯曼帝国的统治之下。

奥斯曼土耳其对保加利亚实行严厉的军事封建制度，征收苛捐杂税，所有土地收归国有，实行民族歧视和民族同化政策。在其统治下，非穆斯林是二等公民，是生产者和纳税者。由于保加利亚被土耳其人征服后，大批老百姓被残酷杀害，土耳其统治者把大批土耳其人迁移到保加利亚境内。皈依穆斯林的信徒可以享有特权，如减免赋税和在政府部门任职等，其政治地位和经济收入要比信仰其他宗教的斯拉夫人好些。因此，虽然奥斯曼土耳其帝国并没有强迫保加利亚人信仰伊斯兰教,但是高压统治与政策偏向仍然让保加利亚开始伊斯兰化,出现了保加利亚伊斯兰化的穆斯林和土耳其穆斯林。这些信仰伊斯兰教的保加利亚人,目前还保有自己的宗教、语言及特色服饰(见图1-7)。

图1-7　位于保加利亚首都索非亚市中心的班亚·巴什清真寺

在16世纪末和17世纪初,奥斯曼帝国的控制开始减弱,18—19世纪,庞大的奥斯曼帝国开始解体。17—19世纪长达241年间发生的多次俄土战争,奥斯曼帝国接连惨败,奥斯曼帝国在欧洲列强的打击下日趋衰败。另一方面,保加利亚民族意识觉醒,民族资产阶级形成,保加利亚人开始不断地反抗奥斯曼的封建统治。1876年,以普罗夫迪夫区为中心爆发了大规模的"四月起义",但由于准备不足,奥斯曼帝国轻易地控制住革命,并且进行一场大屠杀。虽然"四月起义"失败了,但动摇了奥斯曼帝国在保加利亚的统治,并且引发了整个欧洲的反应。在俄国的坚持下,欧洲诸国在君士坦丁堡召开会议,讨论保加利亚解放的问题。俄国建议给保加利亚自治权,并增加其领土,但奥匈帝国和英国担心,新的大保加利亚会成为俄国在巴尔干国家影响的中心。他们决定把保加利亚的土地分为两个自治区,但土耳其政府拒绝接受这个决定。1877 年,俄罗斯皇帝亚历山大二世宣称要为斯拉夫兄弟报仇,对土耳其宣战。保加利亚人积极参加了这最后一次的俄土战争,帮助俄罗斯军队打败了土耳其。1878 年 3 月 3 日,保加利亚宣布独立,建立一个自治国家。

四、保加利亚第三王国(1878—1944 年)

1878 年,保加利亚北部成立了保加利亚公国,南部仍为奥斯曼苏丹的属地,称为东鲁梅里亚省。在保加利亚这段历史时期,大公是国家元首,但大公是由欧洲列强协商举荐的。1885 年 9 月 6 日,南部的东鲁梅里亚省总督府被"保加利亚秘密中央革命委员会"攻占,总督被捕。3 天后,保加利亚巴滕贝格大公前往普罗夫迪夫,宣布南北保加利亚合并,实现统一,并宣布自己是南北保加利亚统一后的大公。1886 年,保加利亚的统一得到了奥斯曼土耳其和欧洲列强的承认,但整个国家仍在奥斯曼帝国和欧洲列强的控制之下。

1908 年 9 月 22 日,保加利亚费迪南大公颁布了《保加利亚独立宣言》,宣布保加利亚不再是一个公国,不再臣属奥斯曼帝国,而是一个独立的王国。费迪南大公称自己不再是大公,而是全体保加利亚人的国王(沙皇)。其后在 1912 年第一次巴尔干战争中,保加利亚、塞尔维亚、黑山和希腊联合将奥斯曼帝国赶出了巴尔干半岛,结束了奥斯曼帝国长达 5 个世纪的统治。保加利亚史学界将1878—1912 年称为"恢复和建立保加利亚第三王国"时期。

1915 年,保加利亚与奥斯曼土耳其、德国、奥匈帝国结盟,参加第一次世界大战。1918 年 9 月 24 日,从前线溃逃的士兵发动起义,向首都索非亚进军。起义虽然失败了,却促使保加利亚政府匆忙宣布停战,并在 9 月 29 日与协约国签订媾和条约,正式宣布投降。10 月 3 日,费迪南国王宣布退位,将王位让给他的长子鲍里斯。

两次世界大战之间,国王鲍里斯三世(1918—1943 年在位)加强了君主专制,对内宣布共产党非法,对外奉行亲德政策。1920 年保加利亚农民联盟第一次组成一党政府,推行比较温和的内外政策,引起大资产阶级和受到惩罚的军官的不满。1923 年 6 月 9 日,保加利亚部分军官发动军事政变,逮捕了农民联盟的大部分官员,成立新政府,并得到国王鲍里斯三世的认可。6 月 13 日,农民联盟政府的首相斯坦鲍姆历斯基被逮捕,并在次日被杀害。1935—1938年,国王鲍里斯三世解散议会,禁止政党活动,实行国王专权。

1941年保加利亚王国政府加入德意日三国同盟,参加第二次世界大战。德军进入保加利亚,并由此进攻希腊和南斯拉夫。1944年9月5日,苏联向保加利亚政府宣战。9月8日,苏军在没有受到任何抵抗的情况下,从罗马尼亚进入保加利亚,同一天,保加利亚游击队利用苏军进入保加利亚的有利时机,发动起义。9月9日,保加利亚政府军在国防大臣伊万·马林诺夫将军的率领下,转向祖国阵线一边,同保加利亚工人党领导的武装一起夺取了政权,占领了索非亚,建立了第一届祖国阵线政府,并向法西斯德国宣战。

保加利亚第三王国的政局一直处于动荡之中。从1878年保加利亚摆脱土耳其统治宣布独立到1944年第一届祖国阵线政府成立,65年里发生过5次战争和4次起义,更换了58届政府和31位首相,只有3位首相任期超过3年。

五、社会主义时期和当代保加利亚(1946年至今)

1946年保加利亚举行全民投票,废除君主政体,国民议会宣布保加利亚为人民共和国。保加利亚是华沙条约组织成员国,保加利亚共产党成为社会的主要政治力量,保共中央主席格奥尔基·季米特洛夫担任政府总理和国防委员会主席,1949年去世。1954年托多尔·赫里斯托夫·日夫科夫当选为保共中央第一书记,保加利亚在社会主义时期得到一定发展,但其经济、科技等方面在巴尔干半岛处于落后地位,更落后于西欧等国。

1989年11月10日,日夫科夫在执政33年后辞去保共中央总书记和国务委员会主席职务。11月18日,保加利亚反对派在涅夫斯基大教堂广场举行集会,1989年底东欧国家发生剧变后,1990年12月20日组成联合政府,保共也重组为保加利亚社会党,将国名改为保加利亚共和国。保加利亚国旗由白、绿、红三个平行相等的横长方形组成,国徽如图1-8所示。1991年7月12日通过了保加利亚新宪法,保加利亚实行三权分立和政治多元化。1992年1月12—19日,举行了第一次总统选举,保加利亚社会政治和经济开始过渡到多党议会民主制和市场经济,2007年加入欧盟。

图 1－8　保加利亚国徽

独特的地理位置以及因为生存需求、战争或政治更迭带来的人口流动,使得保加利亚的文化融合了欧亚两个大陆的不同文化元素,在漫长的历史岁月里逐渐形成了具有自己特色的文化资源。保加利亚虽然只占了欧洲 2% 的面积,但是它却有大约 40 000 个在国内已经注册过的历史遗迹,其中包括 7 个经联合国教科文组织认证通过的世界文化遗产,除此之外还有大约 160 个修道院,330 个博物馆和展览馆等。

（一）行政区划

保加利亚 1999 年开始采用新的行政结构,由 27 个大区和一个大都会区索非亚市组成,所有大区的命名都源于各自的首府城市(见图 1－9)。保加利亚共有 265 个市,第一大城市为首都索非亚,第二大城市为欧洲最古老的城市之一普罗夫迪夫,第三大城市为临黑海的旅游城市瓦尔纳。从城市规模排名不难看出,保加利亚城市的发展对旅游业有很强的依赖性。

（二）社会人口特征

2018 年底保加利亚人口总量约 700 万,比 2017 年减少 5 万人,比 2000 年减少了 117 万人。2018 年保加利亚的人口自然增长率为－6.5‰。据联合国预测,保加利亚将会是全球人口减少最快的国家,到 2050 年,人口预计将减少到 540 万[①]。

保加利亚近 50 年女性人口持续多于男性,2018 年底男女比例为 1∶1.06。

---

① 本书所有保加利亚的人口、社会、经济数据都来自保加利亚国家统计网站 https://www.nsi.bg。

65 岁以上老年人口占比(老龄化比例)21.3%,高出欧盟国家的平均值 19.7%。保加利亚人口老龄化程度地区分布不均,边远、山地乡村地区老龄化程度高,而大城市的老龄化程度相对较低。例如首都索非亚老龄化比例为 17.5%,而最西北的维丁(Vidin)大区老龄化已高达 29.6%(见图 1-9)。保加利亚的老龄化趋势使得劳动力人口比例不断降低,2018 年底 15~65 岁的劳动力人口比例仅仅为 44.5%。整体人口的下降与不断上升的老龄化比例让保加利亚的社会经济发展缺失了劳动力保障。目前总人口中保加利亚族占 84%,土耳其族占 9%,吉普赛族占 5%,其他(马其顿族、亚美尼亚族等)占 2%。保加利亚 82.6%的居民信奉东正教,少数人信奉伊斯兰教。

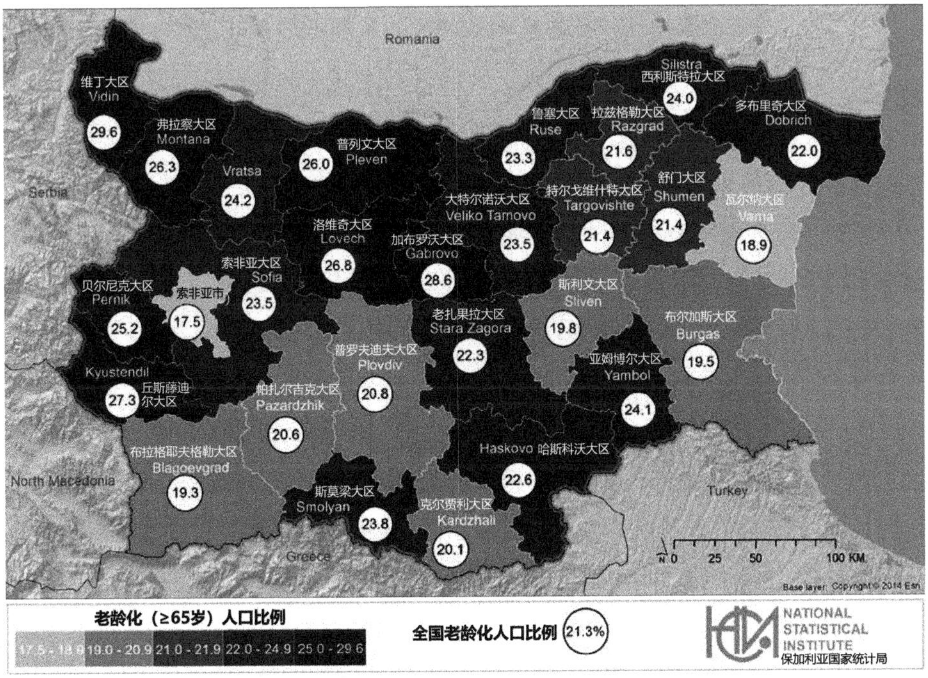

图 1-9　保加利亚各大区老龄化人口(年龄≥65 岁)比例

2018 年底,保加利亚的乡村有 257 个城镇、4999 个村庄。人口在 10 万人以上的城市仅 6 个(见图 1-10),但这 6 个城市内居住了保加利亚 34.4%的人口。农村人口占比为 26.3%,其余人口(39.3%)居住在小城镇中。

人口数

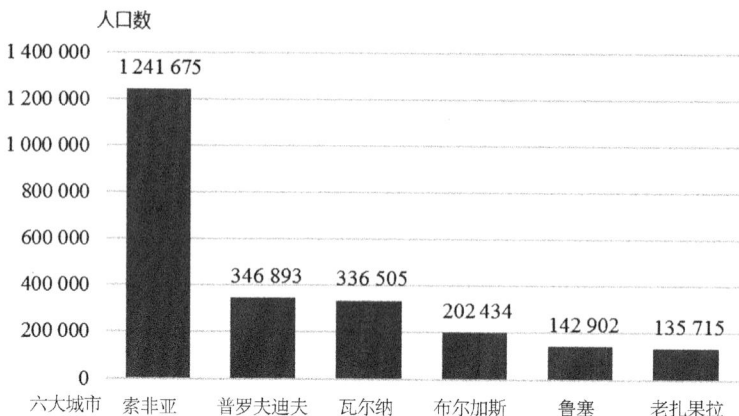

图 1-10　保加利亚六大城市人口(2018 年底)

(三)经济发展水平

1989 年苏东剧变前,保加利亚 90% 的国民收入依靠进出口贸易,外贸伙伴主要是经互会国家。1989 年后,保加利亚向市场经济过渡,发展包括私有制在内的多种所有制经济,优先发展农业、轻工业、旅游和服务业。2004 年 3 月,保加利亚加入北约。至 2004 年底,大部分国有资产完成私有化。2001—2008 年,保加利亚经济增长率保持在 5% 以上。2007 年 1 月加入欧盟。2009 年,保加利亚经济增长受国际金融危机和欧洲主权债务危机冲击而急剧下跌。2010 年起经济逐步企稳回升。2018 年 GDP 为 630 亿美元,同比增长 3.2%,在中东欧位居第七;人均 GDP 为 9 006 美元。保加利亚服务业比重为 67.6%,提供近 65% 的就业岗位;工业比重为 28%,提供了 30% 左右的就业岗位;农业比重为 4.6%。

第三节　保加利亚农业转型与乡村发展

保加利亚历史上一直是个农业大国,拥有良好的农业发展自然条件,耕地面积约占全国总面积的 48%,适宜种植多种作物,是东中欧地区重要的粮食生产国和“果菜园”。保加利亚是世人皆知的“玫瑰之邦”,是世界上最大的玫瑰生产国和出口国,还是目前欧洲第三大烟草生产国(仅次于希腊和意大利)。但 25 年来,保加利亚的农业占国内生产总值(GDP)比重在持续下降,2018 年农业比重仅为 4.6%。

保加利亚主要农产品如下所述。

主要的粮食作物有小麦、大麦、黑麦、燕麦、玉米、大米、豆类、扁豆、苜蓿等。经济作物有油籽玫瑰、薰衣草、向日葵、油菜、大豆、花生、南瓜子、棉花、茴香、欧芹、啤酒花、香菜和烟草等。

蔬菜有西红柿、甜椒、辣椒、黄瓜、土豆、南瓜、西葫芦、卷心菜、洋葱、韭菜、大蒜、茄子、胡萝卜等。水果有葡萄、苹果、梨、杏、桃、李子、樱桃、酸樱桃、西瓜、甜瓜、核桃、榛子、草莓、覆盆子、蓝莓、黑莓、玫瑰果等。

畜牧业主要包括了养蜂业和牛(包括肉牛和奶牛)、猪、绵羊、山羊、家禽(鸡、火鸡、鸭、鹅)等饲养业。

重要养殖鱼类为虹鳟、鲤鱼和中国鲤科鱼类(鲢、鳙、草鱼)。海水养殖的主要产品为地中海贻贝。

一、保加利亚农业的三次转型与乡村的衰败

近 100 年来,保加利亚的农业经历了三次转型。

1. 第一次转型

1944 年以前,保加利亚是以小资产阶级为主的农业国家,80% 左右人口居住于乡村。当时的保加利亚人将土地作为生活的保障,导致农业人口过剩,而且由于数次起义及战争,为安置难民,保加利亚的农业用地变得非常分散。最典型的产业是谷物生产,最重要的出口商品是烟草。随着 1944 年保加利亚共产党执政开始,保加利亚借鉴苏联经验,对农业开启了一轮改革,通过集体化合并土地。到 1958 年,保加利亚 92% 的土地加入了农业劳动合作社。20 世纪 70 年代,这一集中化趋势进一步加快,农业生产单位开始在大型农工综合体框架下与食品加工业融合,从劳动合作社合并为农工综合体,每个综合体平均面积达到了 4 万狄卡尔(6 万亩)。在这样的改革下,农村人口开始低于城镇人口,农村开始衰败。到 1989 年,只有约 25% 的人口从事农业,大量人口居住在城乡交接地带。同年 5 月,保加利亚国务院宣布解散农工综合体。

2. 第二次转型

20 世纪 80 年代末,保加利亚农业开始了市场化经济改革,其中对农业发展

影响最大的改革是土地所有权改革,即 1992 年保加利亚通过修订《土地法》,将原有土地归还给原所有者及其继承人,意图恢复以往的农村社会结构。在土地所有权核定过程中,法定陪审员的认定与土地所有权文件同样具有效力,这一程序导致最后核定的原土地所有者的土地面积比保加利亚实际耕地的面积还要高2 倍,而大批原先在合作社工作的穷人彻底失去了土地。

到 2001 年,70%以上的土地成功归还给了原土地所有者,然而此次改革的目标只是归还土地,而非组织农业生产,尤其是国家在此期间还停止了对农业的扶持。单纯归还土地的做法不仅使得农业合作社彻底消亡,同时还带来了大量社会矛盾以及农业生产的大幅度下滑。1992 年与 1993 年农业生产分别同比下降了 9%和 18.1%。1990—1998 年,保加利亚农业部门几乎没有任何投资。农业机械短缺,人工灌溉能力不足,重新开始人工平整耕地。于是国家三分之一的土地弃耕,农业部门的大型畜牧场关闭,粮食作物生产开始占主导,但只有向日葵的种植面积有所扩大。人均谷物占有量从 1985 年的 950 公斤下降到 400 公斤左右。直到今天,保加利亚的很多粮食还要依靠进口,如小麦每年要进口 400万吨以上,玉米也要进口 200 万吨到 300 万吨。由于实行对外贸易自由化政策,保加利亚的农业很快感受到来自土耳其、希腊等周边国家低价农产品的竞争压力。

3. 第三次转型

从 1997 年保加利亚加入世界贸易组织、1999 年启动加入欧盟谈判开始,保加利亚的农业生产开始有所复苏。根据《农业和农村发展特别入会方案》(用于保加利亚农业改造和为保加利亚向发达国家放开市场并接受竞争做准备),2000—2006 年保加利亚获得 5 200 万欧元拨款。2007 年加入欧盟之后,保加利亚开始实行和遵守欧盟共同农业政策,落实欧盟对国家农业的全部要求,包括向葡萄园与玫瑰花园提供保加利亚独特品种种植补贴,并压缩烟草种植面积等。1997 年农业占国内生产总值(GDP)的比重比 1989 年提高 15%,达到 26%。然而保加利亚的农业经济好转没有坚持几年,由于系统性经济危机,2003 年陡然下降 11%,此后持续走低,到 2017 年,农业比重仅占 4.6%。

二、保加利亚乡村旅游业的兴起

由于农业经济持续低迷,保加利亚乡村开始转向发展旅游业,依托保加利亚独特的自然生态资源与农业产品开发农业旅游和生态旅游。我们发现在自然环境与历史条件影响下,保加利亚乡村呈现出丰富的历史人文特色。由于保加利亚长期受奥斯曼帝国侵略统治,人们(包括当时部分知识分子)纷纷避世入山,居住于乡村之中。因此如东正教、天主教等宗教信仰与修道院建设选址、文化艺术与手工业等人文生活、节庆习俗大多可于乡村中得到保留与传承,这也是保加利亚隐逸文化影响的体现。同时更幸运的是,普罗夫迪夫和瓦尔纳周边乡村与首都索非亚周边相比,并没有被过度开发,那里古老的生态环境与人文风貌大多得到保留,譬如其传统民居建筑形式多以木屋为主,仍然沿着狭窄蜿蜒的小巷密集排布;自古以来包围着这片丰饶宜人土地的葡萄园、果园和森林,也大多留存。此类乡村景观不仅在人文历史资源与生态资源方面具有较好的研究与保护价值,且对于当地旅游业亦有一定程度的辅助作用与开发前景。本次研究正是在这样的背景下展开的。

第二章 保加利亚乡村发展调研

保加利亚乡村地区和城乡交错带地区占国土面积的 98.8% 和人口总数的 84.3%，乡村是保加利亚优质资源的承载体，承载着享誉世界的玫瑰、独特品种的葡萄酒和比罗马更古老的历史文化等。本书对保加利亚乡村的调研选择了色雷斯平原地区，色雷斯地区承载着保加利亚最悠久的历史文化。该地区北靠巴尔干山脉，西邻里拉山脉和皮林山脉，在山区气候与地中海气候的综合影响下形成的这片肥沃的土地，孕育着世界最好的玫瑰和葡萄酒。色雷斯地区因此拥有多样的地貌、丰富的文化资源和优质的农业资源。

第一节 乡村调研地区选择

本次调研在历史悠久、文化资源与自然资源都在保加利亚非常有代表性的第二大城市普罗夫迪夫与第三大城市瓦尔纳周边选择调研村庄点，即以普罗夫迪夫大区与瓦尔纳大区为主，但也包括大区附近一些非常具有地区特色的乡村。普罗夫迪夫市周边乡村代表保加利亚内陆型乡村，而瓦尔纳市周边乡村则代表了保加利亚海滨型乡村。第一大城市索非亚是首都，地处巴尔干山脉与罗多彼山脉交接处的盆地，城市周边乡村空间有限，不具有代表性，因此没有纳入本次调研中。

一、普罗夫迪夫市及周边地区

保加利亚现第二大城市普罗夫迪夫（保加利亚语 Пловдив，英语 Plovdiv）是古代色雷斯地区最重要的城市，也是欧洲最古老的城市（见图 2-1～图 2-4）之一。普罗夫迪夫大区包括上色雷斯平原（Upper Thracian Plain）、罗多彼山脉

（Rhodopes）、中央山脉、巴尔干山谷（Balkan Valleys）和巴尔干山脉的部分地区。公元前约 6000—5000 年，色雷斯人就定居于普罗夫迪夫大区及周边，因此普罗夫迪夫周边乡村保留着大量的遗产古迹与文化传统。保加利亚流量最大的河流马里察河贯穿普罗夫迪夫，大区内大部分土地是由马里察河及其支流形成的冲积低地。马里察河流域对保加利亚南部生物多样性的保护具有重要意义，河内岛屿和河岸上仍然保留着原始森林。大区内泉水资源丰富、自然保护区众多，包括最大的中央巴尔干国家自然公园部分地区。普罗夫迪夫大区历来也是保加利亚中南部最富庶的农业区，平原宽广，土地肥沃，盛产粮食、水果和蔬菜。

图 2-1　普罗夫迪夫古城内的罗马剧场遗址

　　普罗夫迪夫的历史几乎是整个保加利亚历史的缩影。公元前 516 年普罗夫迪夫被波斯帝国统治，公元前 183 年又被马其顿占领，公元 46 年被纳入罗马帝国。罗马时期是普罗夫迪夫的黄金发展期，经济繁荣、文化昌盛。目前被少量发掘的古代遗址大多源于罗马时期：神殿、公共澡堂、剧院、体育场以及完整的古代供水设施等（见图 2-4）。公元 250 年，城市被哥特人焚毁。斯拉夫人在六世纪中期陆续迁移到这里，并建立了保加利亚帝国（681 年），但在拜占庭和保加利亚

图 2-2　普罗夫迪夫古城内罗马帝国时期的街道

图 2-3　普罗夫迪夫中心城区的步行街

的长年拉锯战中,城市数次易主。1364 年奥斯曼帝国占领了普罗夫迪夫。在长达 500 年的奥斯曼帝国统治下,普罗夫迪夫逐渐变成保加利亚民族运动的中心。

图 2-4 普罗夫迪夫现代商业街与地下古城遗址并存

二、瓦尔纳市及周边地区

色雷斯平原向西延伸与欧洲著名的度假胜地黑海相连。保加利亚第三大城市瓦尔纳（保加利亚语 Варна，英语 Varna）就位于黑海西岸，近三千年来一直是保加利亚主要的经济和文化中心，也是保加利亚重要的港口、海军基地，有"黑海明珠"之誉（见图 2-5）。

瓦尔纳大区属于海洋性气候，夏季受地中海气候影响，秋冬季则主要受大陆气压影响，全年气候温和，四季分明，日照时间长，夏天平均温度在 26℃ 左右。瓦尔纳大区从北至南分布着阿夫伦（Avren）高原、莫西（Moesian）梯田平原与弗兰加（Franga）高原。沿着海岸线向南延伸至马蹄形瓦尔纳湾的黑海，形成细长宁静的瓦尔纳湖。大区内散布点缀着大大小小共计 67 个村落，乡村依山滨海，自然风光秀丽，气候宜人。部分村落拥有长达十多千米、浅平辽阔的海滩、海岸线和丰富的温泉资源等,逐渐成为富有特色、美丽别致的避暑度假胜地(见图 2-6)。

图 2-5　瓦尔纳与黑海

(资料来源:https://map.51240.com/baojialiya__map/)

图 2-6　瓦尔纳海滨景色

瓦尔纳是整个欧洲最古老的地区之一,公元前 7000 年,原始人类开始在瓦尔纳地区定居,其原始文明在公元前 4000 年的青铜器时代达到了顶峰;2600 年前,希腊人建立城镇,并以该地区守护神"奥得萨斯"命名,进而成为黑海沿岸最重要的商贸文化中心；681 年保加利亚建国后"奥得萨斯"被更名为"瓦尔纳"，其地域文化融合色雷斯文化、希腊文化、罗马文化及斯拉夫文化，文化遗产与自然遗产丰富（见图 2-7、图 2-8）。

图 2-7　瓦尔纳城市中心

图 2-8　瓦尔纳市中心罗马历史遗址成为露天小剧场

瓦尔纳周边乡村区域作为其主要产业发展、人文资源保留的承接地,无论从自然条件、经济条件、人文条件来看,其周边乡村均具有滨海型、度假型乡村的典型特征,对于研究保加利亚滨海型乡村文化、生态、建筑、产业资源的传承保护与开发利用都具有重要意义。

三、乡村调研点的选择

基于普罗夫迪夫大区与瓦尔纳大区的重要性与代表性,我们在保加利亚乡村研究专家的配合下,在两大城市周边共选取了 20 个村镇进行调研(见表 2 - 1)。调研点的选择主要依据以下几点:

(1)总体上均匀分布在普罗夫迪夫市和瓦尔纳市的周边地区(见图 2 - 9)。尽管调研乡村数量有限,但依旧希望被调研的乡村具有普适性与代表性。这些乡村分布于平原、山区、海滨等各类地区,涵盖了农业、旅游业、产品加工业等不同核心产业类型,村庄发展形态、建设历史与经济水平各有差异。

(2)调查的乡村类型覆盖不同乡村发展模式,具体包括保加利亚特色农业型(如葡萄园所在乡村,玫瑰园所在乡村或酸奶加工乡村)、自然和文化景观型(以山地、水体、修道院等为特色)、依托旅游胜地度假型(如普罗夫迪夫城市周边一些提供民宿/城市居民度假别墅的乡村),以及一般乡村(没有突出特色的乡村)。

(3)由于保加利亚乡村普遍存在衰败的现状,我们在选择乡村调研点时也关注了发展较慢与逐渐萧条衰败的村庄。这些村庄有些是资源匮乏,有些是资源丰富却依然没有得到有效利用。

表 2 - 1　调研乡村一览表

序号	乡村调研点	所在大区	乡村主要特色
1	斯特雷查(Strelcha)镇	帕扎尔吉克大区	温泉,玫瑰精油,旅游
2	克拉斯特维奇(Krastevich)村	普罗夫迪夫大区	规模小的平原村庄
3	希萨里亚(Hisarya)镇	普罗夫迪夫大区	罗马古城遗址,旅游
4	约金格鲁沃(Yoakim Gruevo)村	普罗夫迪夫大区	区位优势,设施农业
5	奥格尼亚诺沃(Ognyanovo)村	帕扎尔吉克大区	历史悠久,葡萄种植
6	库托沃科纳雷(Kurtovo Konare)村	普罗夫迪夫大区	生活氛围浓郁
7	伊塔拉(Etara)村	加布罗沃大区	古村博物馆,旅游

（续表）

序号	乡村调研点	所在大区	乡村主要特色
8	希普卡（Shipka）村	克尔贾利大区	民族战争纪念地,旅游
9	索科洛夫齐（Sokolovtsi）村	斯莫梁大区	滑雪度假,规模最小
10	斯密林（Smilyan）村	斯莫梁大区	历史悠久,宗教,乳制品
11	莫斯里安（Momchilovtsi）村	斯莫梁大区	山地乡村,历史悠久
12	布雷斯托瓦（Brestovitsa）村	普罗夫迪夫大区	区位优势,葡萄种植
13	比亚加（Byaga）村	帕扎尔吉克大区	无
14	雷夫诺格（Ravnogor）村	帕扎尔吉克大区	生态环境,自然风光
15	科切沃（Kochevo）村	普罗夫迪夫大区	区位优势
16	巴赫科沃（Bachkovo）村	普罗夫迪夫大区	生态旅游,宗教资源
17	巴尔加雷沃（Balgarevo）村	多布里奇大区	宗教资源,滨海度假
18	普里塞尔西（Priseltsi）村	瓦尔纳大区	节庆,旅游度假
19	德拉维兹（Zdravets）村	瓦尔纳大区	度假乡村
20	阿夫伦（Avren）村	瓦尔纳大区	区位优势,度假乡村

图 2-9　保加利亚乡村调研点分布示意

第二节 调研乡村发展现状

本节首先对 20 个调研乡镇概况进行阐述，包括区位、环境、产业、文化、空间特色等内容，初步了解调研点现状。

一、斯特雷查镇

斯特雷查镇位于中央山脉南坡的山脚下（见图 2 - 10），海拔 475m，属于帕扎尔吉克大区，距离中心城市帕扎尔吉克市 54km。常住人口大约 5 000 人，在调研对象中属于规模较大的乡村小镇。

图 2 - 10 斯特雷查航拍照片

斯特雷查镇地处山谷地带，沿谷地中心南北向河流呈带状发展。境内海拔最高值 520m 左右，最低值 480m 左右，西侧坡度范围在 0 到 6.7 度之间，东侧坡度范围在 0 度到 14 度之间，由于西侧坡度相对东侧坡度平缓，故西侧建筑面积显著大于东侧。由于山地坡度递减，街区多呈现楔形，街区内部以居住建筑和绿地为主，较少有生产用地。保加利亚跨区公路 801 号和 606 号公路从斯特雷查境内经过，斯特雷查的道路大多为沥青路面，部分村内小路为弹石路面。

　　斯特雷查镇是保加利亚最大的玫瑰油产区之一，拥有 3000 多个玫瑰种植园。其他产业还包括薰衣草种植、玫瑰及薰衣草精油生产、蔬菜生产(温室)、乳制品加工、面包生产。斯特雷查镇也是保加利亚 24 个温泉小镇之一，是著名的温泉度假胜地。

　　斯特雷查镇位于色雷斯文化区内，其当地居民的生活习惯，如服饰、饮食、农具等都呈现出色雷斯文化的特点，在当地的博物馆内也陈列了许多历史物件，展现了当地人的历史和生活风貌。在文化遗产方面，该地遗留有一些墓穴、堡垒等，如色雷斯文化遗迹 Tracian Underground Temple(见图 1-3)。

　　小镇建筑风貌统一。村庄环境优美，干净整洁，拥有一片中央公共活动场所(见图 2-11)，内含植物园、活动广场、行政办公场所、雕塑、喷泉等，还有餐厅、公厕等便民设施(见图 2-12)，总体来看设施完善。

图 2-11　斯特雷查镇中心广场

图 2 - 12　斯特雷查镇餐厅建筑

　　建筑依地形起伏,错落有致,完整性较好。建筑以民居为主,风格较为一致。建筑以两层或三层建筑为主,平面形状呈矩形(偏正方形),从一楼到二楼有楼梯连接,楼梯大多分布在室外,紧接正门。大部分建筑较新,街区尺度舒适(见图 2 - 13)。

　　镇内有一精油提炼厂,建筑由红砖砌成,水泥石灰找平,高三层,开间很宽,满足设备安放和运转对空间的要求。

　　在斯特雷查镇的中心偏西、地理位置较高处,有一个东正教教堂,教堂被院墙围合,建筑被保护得很好,教堂外立面用片状石块装饰,配以拱形门窗,总体呈现出庄重大气的感觉。

二、克拉斯特维奇村

　　克拉斯特维奇村坐落在保加利亚中部偏南地域,地处普罗夫迪夫大区,距离中心城普罗夫迪夫市 53km,村镇规模 0.74km^2,现有居民约 350 人,在调研对象中属于小规模的村镇(见图 2 - 14)。

图 2 - 13 斯特雷查镇村民住宅

图 2 - 14 克拉斯特维奇村航拍照片

克拉斯特维奇村域建于相对平坦的山麓地带,坡度在 0.9～6.3 度之间,由南至北方向坡度逐渐减小。村落内建筑密度较低,由于用地平坦,街区多形成规则矩形状。街区内居住建筑、生产建筑、生产用地混杂。村落边缘建筑质量高于村庄内部。606 号公路从克拉斯特维奇村境内经过,路面为沥青材质,村庄中心道路情况较好,远离村庄中心路段的路面情况较差。村镇内的公共活动中心主要分布在村落中心道路交汇处,配置有教堂、广场、售卖亭及座椅等公共建筑和公共设施(见图 2-15)。克拉斯特维奇村的主要产业是种植业,在村镇内分布有一定数量的玫瑰园和水果种植园。

图 2-15　克拉斯特维奇村教堂

克拉斯特维奇村历史悠久,最早可追溯到公元前 5 世纪。在保加利亚统一之前曾被土耳其统治,在 1885 年前后村镇名字叫做 Osmanovo。"克拉斯特维奇"是来源于一位当地名人——Gavril Krastevich（保加利亚文：Гаврил Кръстевич）。该村现存文化资源较为匮乏,仅有文化馆和教堂等基础文化设施。根据调研,在公元前 6 世纪至 4 世纪期间,有一个色雷斯人的贸易中心曾坐落于克拉斯特维奇村附近。然而,从与当地人的访谈和实地调研中发现,此古迹保存完整度低,只遗留下众多石头(见图 2-16),知名度低,只为本村一部分人得知。

图 2 - 16　克拉斯特维奇村古市场遗址

克拉斯特维奇村庄空心化严重,很多建筑因多年无人居住而被废弃(见图 2 - 17)。大部分现存建筑为砖结构,裸露的红砖与红瓦屋顶相呼应,增添了村庄的活力,院墙由石头堆砌而成,上方用铁丝网围合出独立的空间,耳房用来堆放木材、粮草和蓄养牲畜。新建的几处建筑都粉刷成白色,多为城市居民在乡下度假的住所。

图 2 - 17　克拉斯特维奇村荒废的住宅

三、希萨里亚镇

希萨里亚镇位于普罗夫迪夫大区,距离中心城普罗夫迪夫市42km。村镇占地4.56km²,常住人口约15 000人。该村是调研对象中规模最大的村镇。

希萨里亚镇内的地形主要为缓坡,平均海拔360m,有三条河流穿过镇区,642号公路穿过村庄境内。古城遗址肌理保留较为完好(见图2-18)。街区内部以居住建筑和绿化为主,少有农业生产用地。村镇内现有4处公共绿地,总面积约10ha²。居民在公共广场进行各种休闲、社交活动,生活环境舒适,生活节奏慢,可以感受到小镇居民的地域自信心与文化认同感(见图2-19)。古城遗址内部较多开放型绿地,沿古城遗址有环城墙步行道。

图2-18　希萨里亚镇航拍照片

希萨里亚镇是保加利亚的一个小型度假小镇,以其温泉旅游资源和历史遗址资源闻名。几千年以前,这个小镇曾是色雷斯城市,但当色雷斯落入罗马人手中并成为罗马省时,希萨里亚成为罗马帝国的城市,同时也是该省最重要的三个城镇之一。公元293年,戴克里先皇帝宣布它成为正式的建制城镇,这标志着大规模防御城墙、公共建筑、浴室、街道等建设的开始。

希萨里亚镇目前仍然到处都可以看到罗马遗址:城墙、公共建筑、小圆形剧场、罗马卫戍军营、保加利亚几座最古老教堂的遗址等(见图2-20)。希萨里亚镇的古罗马城墙是保加利亚境内保存得最好的古罗马城墙之一(见图2-21)。

图 2 - 19 希萨里亚镇中心广场

古城墙高约 10m，以红色砖块和黏土为主要材料构筑而成。保存完好的古城门可以清晰地展现出拱券技术在大尺度建筑物上的运用，体现出古罗马人建造技术的智慧。千年前城墙下熙熙攘攘，千年后城墙下野草丛生。

图 2 - 20 希萨里亚镇中心教堂

图 2 - 21　希萨里亚镇罗马古城墙遗址

希萨里亚镇其他人文和自然遗产资源也很丰富,并且能同时看到罗马和色雷斯两种文化资源遗存。除此之外,其温泉和自然风光也吸引了许多游客。希萨里亚镇域共有 22 处热温泉、4 个狩猎场以及罗马古城遗址公园。以希萨里亚镇为中心,周边地区旅游资源同样非常丰富,例如作为特色风俗文化展示区的 Staro Zhelezare 和坐拥保加利亚最大的色雷斯宗教建筑群的 Starosel,它们共同形成了一条旅游产业环带。其发达的旅游资源也带动了村镇第三产业的繁荣发展,希萨里亚镇内共有 27 个酒店、14 家餐厅。

在保加利亚于 2007 年加入欧盟之后,希萨里亚镇投入了大量资金保护古代遗址并翻新公园和街道基础设施。镇上的建筑大多为近 10 年建造。公共活动区域的建筑整体较新,材料在传统砖石的基础上加入了现代的复合型材料。建筑外部色彩多采用黄、红等暖色调,街区氛围活跃。街道空间感受较为开阔轻松。建筑多为三至四层独栋建筑物(见图 2-22、图 2-23)。

图 2-22　希萨里亚镇民宿

图 2‑23　希萨里亚镇沿街餐厅

四、约金格鲁沃村

约金格鲁沃村属于普罗夫迪夫大区,规模 1.11km²,距离中心城普罗夫迪夫市仅 16km,临近马里查河干流,375 号公路经过村镇境内。该村相较于其他调研村庄有着显著优越的交通区位。该村镇内地势较为平坦。街区内部居住、绿地、设施农业用地混杂(见图 2‑24)。村落南端是规模较大的设施农业用地,公司化运营。零售、餐饮、住宿等服务型建筑多沿穿村公路布局。村镇内仅 1 处公共绿地,约 1.4ha²,位于村落中心。目前主要产业为设施农业,农业发展水平相对较高,因此有开发科技型农业参观旅游资源的潜力。

传闻在罗马帝国时期已经有一些来自不同地方的人开始居住于约金格鲁沃村的所在地。大约 2000 年前,这里已建设了酒店或旅馆为经过的人提供栖身之处。直到 1912 年,一些来自罗马尼亚等地的人在当地定居,才正式成为约金格鲁沃村。

图 2 - 24 约金格鲁沃村航拍照片

虽然约金格鲁沃村没有很丰富的历史文化资源遗存,村镇内仅有文化馆和教堂等文化设施,但当地居民的文化活动丰富多彩,几乎每月都会举办节庆或民俗活动。村镇内的商业建筑和公共建筑风格简约,结构简单,颜色鲜艳,多为黄色、橙色、粉色和蓝色,建筑大多三层(见图 2 - 25)。村内民居建筑风格多样,参差不齐。旧建筑呈现出保加利亚传统乡村建筑样式,而新建筑则表现出了新样式(见图 2 - 26、图 2 - 27)。建筑像模块一样拼接在一起,从立面形态来看,建筑群具有层次感,并增加了外立面的装饰。屋顶向外延伸,在二层东南侧形成了阳台或挑台。整体建筑没有对称性,但风格简约,具有几何美。

图 2 - 25 约金格鲁沃村中心餐厅

图 2 - 26 约金格鲁沃村新的民居

图 2 - 27 约金格鲁沃村外立面未装修的传统民居

五、奥格尼亚诺沃村

奥格尼亚诺沃村位于帕扎尔吉克大区内,距离中心城帕扎尔吉克市 13 km,村镇规模 1.71 km²,常住人口约 2 400 人。村落南端临近马里查河,地势平坦,平均海拔为195m。村落内居住、绿地和设施农业用地混杂。区域建筑密度较低，街区沿路建筑密度显著高于街区内部（见图2-28）。8004号公路穿过村镇境内。奥格尼亚诺沃村农业以种植业为主，主要有蔬菜、葡萄种植，以及相应的葡萄酒生产（见图2-29）。

图2-28　奥格尼亚诺沃村航拍照片

图2-29　奥格尼亚诺沃村有较多农业用地

奥格尼亚诺沃村建成历史约500年。该村庄经历过三次更名，1945年它被命名为奥格尼亚诺沃。当地的文化设施包括文化馆和教堂等公共文化建筑，村民的文化活动有村庆（Village Day）与民俗活动、合唱团活动等。

　　奥格尼亚诺沃村内有 2 处公共活动场所，约 2.6ha²，一处位于村镇中心，一处是村南侧的村办公建筑和市民广场（见图 2-30），配备有儿童活动设施。政府办公厅是两层现代建筑，材料以砖、混凝土、玻璃为主，外墙粉刷成淡橙色，建筑强调功能性。民居建筑沿道路分布，形式多样（见图 2-31）。民居大多高两层，多数为四坡屋顶，建筑左右对称居多，形体均衡。民居庭院入口多搭建了葡萄架（见图 2-32）。

图 2-30　奥格尼亚诺沃村办公建筑与市民广场

图 2-31　奥格尼亚诺沃村新建民居

图 2-32　奥格尼亚诺沃村传统庭院入口大多设有葡萄藤架

六、库托沃科纳雷村

库托沃科纳雷村属于普罗夫迪夫大区,距离中心城普罗夫迪夫市 22km,村镇规模 $1.94km^2$。库托沃科纳雷村是一个比较普通的保加利亚乡村,建成历史约 150 年,村内年轻劳动力大多外流,主要产业为农业和相关的农业加工产业。

村庄位于马里查河支流旁,866 号公路穿过村庄境内(见图 2-33)。东北方向有 $130ha^2$ 左右的林地,生态资源较好。村庄内有 1 处公共活动场所,约 $3ha^2$,

图 2-33　库托沃科纳雷村航拍照片

位于社区中心。人行道大多设置有葡萄藤架,私人绿化空间向公共绿化空间渗透。村庄内保留有一段完整的弹石铺装路面,长约 550m(见图 2-34)。

图 2-34 库托沃科纳雷村内历史悠久的弹石路面

该村对公共服务设施建设十分重视,开阔的中心广场为居民集中活动提供了良好的场所(见图 2-35)。广场中心建有图书馆,其他公共建筑多临街布置(见图 2-36)。

图 2-35 库托沃科纳雷村中心广场

图 2-36 库托沃科纳雷村街边建筑

七、伊塔拉村

伊塔拉村位于加布罗沃大区,距离中心城加布罗沃市仅 9km,区位条件比较优越。该村规模较小,占地仅 0.29km²。村庄建于两山相夹谷地的谷底(见图 2-37),两侧山体坡度较大,在 20 至 50 度左右。一条溪流沿着山谷地形流出,沟通整个村庄。在传统生活中,人们依靠水流驱动机械转化获得动力用于农业生产,因此建筑沿河流和山谷中狭长的地带呈条带型布局。

图 2-37 伊塔拉村航拍照片

　　伊塔拉村是一个著名的旅游村庄,村内建设有旅游景区,开放公共空间占比较大。山麓地带度假建筑也很多。其旅游景区是个古村落建筑群,大多是在原有民居的基础上修缮改建而成,形成了一处保加利亚乡村博物馆建筑群。该景区 1964 年 9 月 7 日对外开放,并于 1967 年被确立为保加利亚国家级公园。伊塔拉也是保加利亚开设的第一个露天博物馆,展现了保加利亚的传统建筑风格、乡村风俗、文化和手工艺作品。露天博物馆所展示的 18 世纪下半叶和 19 世纪初加布罗沃地区的建筑和生活方式吸引着来自世界各地的游客。村域内有 50 个遗址,种类涵盖水力机械装置、手工艺作坊、公共社交场所(见图 2 - 38～图 2 - 41)。景区内的房屋按照典型的保加利亚传统建筑形式修缮。房屋多为两层,二层阳台向外凸出,内部空间规整。整个房屋多为矩形平面。这一时期的建筑反映了保加利亚在奥斯曼土耳其帝国的统治下一段多民族融合的历史。

图 2 - 38　伊塔拉村景区街道

图 2 - 39　按保加利亚传统建筑形式重新修建的伊塔拉村景区建筑

图 2 - 40　保加利亚乡村古代水利设施

图 2 - 41　伊塔拉村度假宾馆

八、希普卡村

希普卡村位于克尔贾利大区,距离中心城克尔贾利市仅 12km,村镇规模 1.86km²,常住人口约 1 400 人。村庄位于巴尔干山脉的南部山坡上,属于山麓地带,用地坡度由北到南 25 度到 4 度递减。街区内部用地为居住建筑和绿化用地,少有农业生产用地(见图 2 - 42)。村庄内有 2 处公共活动场所,一处紧邻村落里的网络中心,面积约为 1ha²,一处位于行政办公建筑周边,面积约为 0.2ha²。

图 2 - 42　希普卡村航拍照片

希普卡村内与周边有着丰富的旅游资源。比如广为人知的金顶（Golden Domes）教堂（见图 2 - 43）、色雷斯墓"Goliamata Kosmatka"、保加利亚飞碟纪念碑（冰峰纪念碑）、希普卡纪念碑以及民族志博物馆和艺术画廊等。也可以在山地内进行徒步旅行和自行车骑行。希普卡村民族文化也很丰富多彩。当地历史上发生过多次民族战争，为其村庄文化增添了独特性，具有较高的游览价值。

图 2 - 43　隐于山中的金顶教堂

　　希普卡村域面积广阔，但村庄建筑密度较低，沿街建筑的连续性差。村内保留了诸如教堂、博物馆等老建筑（见图 2 - 44、图 2 - 45），建筑材料主要是黄土砖、木材、石块和石片，大部分民宅建筑并没有使用外墙涂料。

　　村内有一栋保存完好的旧民宅被当做私人民宅博物馆对外开放，展示保加利亚传统民宅的房屋格局与室内布置（见图 2 - 46）。建筑平面呈"凸"字形，外立面为典型的三段式，左右对称，体态均衡。外墙呈现出优雅的蓝白色调，屋顶边缘安置了排水管，沿墙体顺流向下。正立面的窗墙比约

图 2 - 44　希普卡村中心的教堂

图 2 - 45　希普卡村保留的传统民宅

1：1,窗户采用棕色木材。一层的层高较低,原用于储物和安放供暖设备,中间木质楼梯连接二楼,二楼中间的大厅是主要的会客厅,东前侧是卧室,卧室东和南两面采光,东后侧是厨房,西前侧是休闲室,布置着茶具和宗教仪式用品,西后侧是妇女纺织的工作室(见图 2 - 47)。

图 2 - 46　希普卡村私人民宅博物馆

图 2-47　民宅博物馆内景

九、索科洛夫齐村

索科洛夫齐村位于保加利亚中南部的滑雪区,距离斯莫梁大区的中心城斯莫梁仅 16km,村镇规模 0.16km²,常住人口约 140 人,是项目组在保加利亚调研到的最小村落。该村位于两山相夹的山谷地带,地势狭长,建筑沿道路单排线性布局,未形成街区(见图 2-48)。用地情况单纯为居住用地,几乎无农业生产用地。该村以畜牧业为主。

索科洛夫齐村除了作为滑雪胜地外,还以其位于 Byala 河上方的 40 座桥梁而闻名,这些桥梁将每栋房屋与主要道路连接起来。由于有许多桥梁,村庄还被称为"The Rhodope's Venice"(罗多彼的威尼斯)。索科洛夫齐村沿路大多为度假宾馆与餐厅,这些建筑的入口往往就结合桥梁直接架在河流上(见图 2-49)。

图 2-48 索科洛夫齐村航拍照片

图 2-49 索科洛夫齐村沿路度假宾馆与餐厅的入口就建在河流上

村庄中的老建筑是典型的罗多彼风格,建筑群规模较小。建筑因地形而呈现出不同的特点。建筑紧邻河流,便于取水,但同时湿气重,因此用桩基从斜坡向上支起整栋建筑。斜坡与建筑之间的空间用来堆放杂物(见图 2-50),靠近山体的一侧窗户少。建筑总体色调偏暗,装饰物少。建筑二层挑出了一间阳台。

墙外的空间被充分利用,室外楼梯下方或屋顶延伸出来的空间被当做储物空间,主要用于储存木材以备冬用。靠近道路的一些建筑被改造成度假别墅,以满足冬季滑雪的游客租住之需(见图 2 - 51)。

图 2 - 50　索科洛夫齐村典型的山地民宅,高侧临路,低侧临水

图 2 - 51　索科洛夫齐村大量民宅被改造为度假别墅

十、斯密林村

斯密林村是个非常漂亮的山区村落。距离斯莫梁大区的中心城斯莫梁市约14km,距希腊边境仅20km,保加利亚8683号公路穿过村庄境内。斯密林村占地0.98km²,常住人口约1 800人。一条河流沿着村庄边缘流过。由于村落处于山谷底部,相对平坦,用地较为充裕,布局形成街区状,街区内部留有大量农业生产用地(见图2-52)。村庄以教堂为中心,周边形成公共活动中心,占地约0.8ha²。

图2-52 斯密林村航拍照片

斯密林村是罗德彼地区最古老的定居地区之一,由斯拉夫部落命名。村庄历史伴随着相当复杂的宗教色彩。村入口处有一座上百年历史的塔楼,塔楼为典型的罗多彼建筑风格,以石头和木头构筑而成(见图2-53)。塔楼被建作军事瞭望点,能观察村庄周边的状况,建于保加利亚与奥斯曼帝国战争期间。由于被奥斯曼帝国统治的历史较长,同时受其地理位置影响,宗教文化呈现出多元并存的特点,最典型的就是同时出现了代表东正教和伊斯兰教的宗教场所,图2-54所示为村内的东正教教堂。

斯密林村以乳制品加工产业为主,村庄内有一定数量的传统乳制品作坊。黄豆也是当地饮食的一个重要组成部分,更衍生出了相关的豆工艺品博物馆(见图2-55)。当地人会用豆做装饰性的饰品,近几年来当地每年举办豆制品制作竞赛,优秀作品会被放到当地的豆博物馆展出。

图 2-53　斯密林村瞭望塔

图 2-54　斯密林村东正教教堂

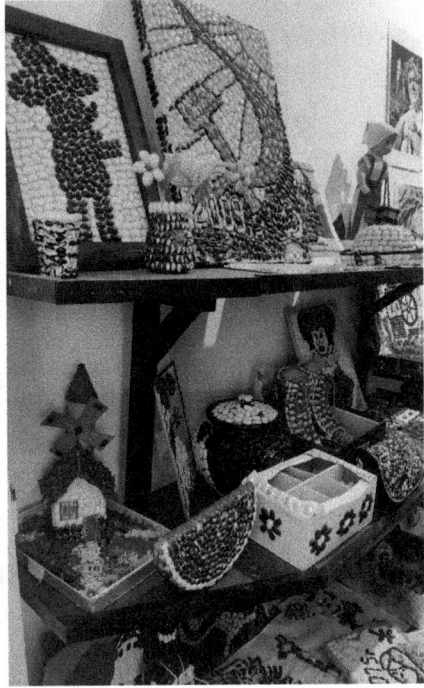

图 2-55　豆博物馆内的豆制工艺品

　　建筑主要遍布在山谷谷底,沿着主干道分布(见图 2-56)。每家每户都有储藏仓库。居民或独有一个储藏仓库,或与邻居共享。仓库为特征明显的罗多彼山脉建筑风格。仓库多分为两层,一层以大块石头堆砌而成,坚实牢固;二层以木栅栏围合形成,屋顶为两坡斜屋顶。二层通过室外楼梯进入,高度约为 4~5m。仓库被用来储藏工具、材料等。

图 2-56　建于谷地的住宅

十一、莫斯里安村

　　莫斯里安村在中国闻名遐迩,位于罗多彼山脉,小阿尔达河与白河绕村而过。距离斯莫梁大区中心城斯莫梁市 18km,村镇规模 0.69km²,常住人口约 1 200 人。

　　村域整体位于坡度较大地带(平均 20 度),故建筑整体空间层次丰富,道路沿等高线方向建设,上下道路之间有支路串联,支路坡度较大(见图 2-57)。

　　莫斯里安村以旅游业为主,是一处滑雪胜地,也是酸奶文化闻名之地,与中国光明企业共同创建了莫斯利安酸奶品牌,居民的经济水平相对较高。莫斯里安村也是世界著名的五大长寿村之一,每万人就有 3 个百岁老人,是国际界定长寿地区标准(每 10 万人 7 个百岁老人)的 4 倍多。

　　莫斯里安村历史悠久,考古发现色雷斯人和罗马人的历史遗址。村内有一个人种学博物馆,一个艺术画廊以及多个教堂,据村博物馆资料记载,莫斯里安村及周边地区共计有 27 个教堂。这是由于奥斯曼帝国占领保加利亚期间,强行

图 2 - 57　莫斯里安村航拍照片

要求保加利亚居民皈依伊斯兰教,当时很多避难的流亡者逃入山区,建设了大量教堂。其中最著名的是 SS.Constantine 和建于 1836 年的 Helen 教堂(见图 2 -

图 2 - 58　莫斯里安村内 Helen 教堂塔楼

58)。而莫斯里安村就来源于对抗奥斯曼帝国的战士 Momchil Voyvoda 的名字。

建筑主要是红白瓦相间的欧洲田园民居。整体风格统一一致。从山脚蔓延到山腰的民居分布均匀,依照地形,显得层次感十足(见图 2 - 59)。民居与自然形成一种很好的具有保加利亚风情的肌理特征。山区的地理特征使得无论从哪个角度都可以获得很好的景观视野。

图 2 - 59　莫斯里安村层次分明的坡地住宅群

十二、布雷斯托瓦村

布雷斯托瓦村位于普罗夫迪夫大区,距中心城普罗夫迪夫市仅 18km,8602 号公路穿过村庄境内,交通方便。村镇规模 1.44km²,常住人口约 3 700 人。因为该村距离普罗夫迪夫很近且居住条件舒适,环境良好,因此很多在普罗夫迪夫市工作的人在此居住。

村庄内的地形主要为缓坡,整体坡度 4 至 10 度。有河流从村中心穿过。街区内部景观组成为居住建筑用地、绿化用地和少量农地(见图 2 - 60)。村庄内有 1 处公共活动场所,位于村中心的行政办公建筑周边,面积约为 1.5ha²,教堂也位于村中心附近(见图 2 - 61～图 2 - 63)。

布雷斯托瓦村的坡地条件非常适合种植葡萄,因其葡萄种植和葡萄酒而闻名,因此带动了相关的旅游产业发展,村庄内建有 1 个五星级酒店及 5 个餐厅。布雷斯托瓦村庄自 12 世纪以来就已经存在,在村庄土地上发现了早期定居点的痕迹。但该村文化资源并不丰富,其葡萄酒文化在保加利亚并没有非常突出的特点。

图 2 - 60 布雷斯托瓦村航拍照片

图 2 - 61 布雷斯托瓦村行政办公建筑

图 2 - 62　布雷斯托瓦村教堂

图 2 - 63　教堂前的水井遗址

　　布雷斯托瓦村内建筑沿坡地逐层建设,风貌完整,排列错落有致。建筑一致采用红瓦屋顶,且多为四坡顶,三层高的独栋建筑与浓郁的树木交相辉映,呈现出生气勃勃的乡村形态(见图 2 - 64)。

图 2 - 64　布雷斯托瓦村建筑沿山坡分层布局,与莫斯里安村相比地形舒缓些,建筑密度也更低

十三、比亚加村

比亚加村距离帕扎尔吉克大区的中心城帕扎尔吉克市 21km,375 号公路穿过村庄境内。村镇规模 0.88km²,常住人口约 1450 人。比亚加村位于山脚,海拔较低,村庄内地形主要为缓坡,整体坡度 0 到 9 度,平均海拔约 374m。村庄北面为河流,不穿过村落,南面为山体,村庄周围是林地斜坡,覆盖着橡树林(见图 2-65)。建筑密度较低,街区内部为居住用地、绿地和农业用地混杂,其中农业用地比例高。村庄内有 1 处公共活动场所,位于村落主路中央,面积约为1.2ha²。

图 2-65　比亚加村航拍照片

比亚加村是比较普通的保加利亚乡村,文化资源稀缺。大多数建筑建于平地,村庄的建筑密度较小。村中心的政府办公建筑较新(见图 2-66),在村中心的道路两侧的建筑,有些是对外营业的商铺,建筑状况保存较好。

村内新建的建筑和传统的民居形式略有不同,形式比较多样,外立面装饰上材料也比较多样(见图 2-67)。在村落边缘,大量建筑被废弃,还有许多烂尾楼,无人管理,严重影响了整个街道甚至整个村庄的建筑风貌(见图 2-68)。除了村中心几栋较新的建筑外,其他民居则比较破旧,整体卫生条件相较其他村庄而言较差。

图 2 - 66　比亚加村行政办公建筑

图 2 - 67　比亚加村建筑形式和材料比较多样

图 2 - 68 比亚加村边缘有较多未建完就废弃的村宅建筑

十四、雷夫诺格村

雷夫诺格村位于保加利亚中南部,距离帕扎尔吉克大区中心城帕扎尔吉克市 43km,377 号公路穿过村庄境内。村镇规模 0.75km²,常住人口约 700 人。雷夫诺格村位于群山之中,自然环境优美,被称为巴尔干半岛空气最新鲜的地方(见图 2-69)。根据美国国家航空航天局 1993—1994 年的数据,以雷夫诺格村为中心,直径 40km 范围内是巴尔干地区空气最干净的区域。因此即使雷夫诺格村没有很丰富的文化资源,还是有很多游客慕名而来。

图 2 - 69 雷夫诺格村航拍照片

雷夫诺格村建于山区地形相对平坦的区域。村落西面有河流绕村而过。街区形态各异,内部多为居住用地和林地混杂,耕地较少。村庄内有 1 处公共活动场所(见图 2-70),位于教堂周边,面积约 1.2ha^2。村内还建有邮局、小学、幼儿园、社区中心、商店和餐馆,道路系统、照明系统、污水处理系统、电力和供水系统、通信与互联网等基础设施相对完善,为旅游业提供良好的辅助条件。

图 2-70　雷夫诺格村教堂与中心广场

图 2-71　雷夫诺格村大多数山地村宅都拥有较好的视野

村落建筑依托山脉地形从山谷向山腰蔓延。建筑密度较低,每栋建筑都拥有良好的视野(见图 2-71)。因为雷夫诺格村的冬季冰雪覆盖时间相对漫长,民居建筑多有较好的防护措施,屋顶多为斜坡屋顶,可以应对冬季大量积雪。建筑材料以木材石材混合为主,整个村庄建筑的风貌为红白色相间(见图 2-72)。

十五、科切沃村

科切沃村属于保加利亚中南部的滑雪胜地,距离区中心城普罗夫迪夫市仅 18km,村镇规模很小,仅 0.52km^2。村庄内地势较为平坦(见图 2-73)。科切沃村虽然区位优势明显,但没有太多产业,经济水平较低,仅西侧有一处工业用地,占地约 3ha^2。村落北侧远离公路的区域居住用地、绿地和农业用地混杂,尚未

图 2 - 72　雷夫诺格村沿街度假酒店

形成街区,其中农业用地比例较高。村庄布局较散,缺乏空间与功能上的明显的中心。村内的公共活动场所,位于跨村公路的中心位置,面积较小,仅约 400m^2。

图 2 - 73　科切沃村航拍照片

科切沃村庄内建筑密度较低。整个村镇街区建成历史较短,其中多为新建建筑。民居建筑中大多配置有较大面积的庭院(见图2-74)。村中心的街区之间与街区内部都呈棋盘式分布。

图2-74 科切沃村生机盎然的庭院植物

十六、巴赫科沃村

巴赫科沃村位于罗德彼山脉的西部,距离所在普罗夫迪夫大区的中心城普罗夫迪夫市28km,86号公路穿过村庄境内。村庄占地0.2km²,常住人口约300人。巴赫科沃村庄位于山体西坡,掩映在茂密的森林内(见图2-75)。村庄范围整体坡度为7到9度,高差较大。道路建设较为困难,因此村庄内部交通不太方便。Chepelarska河流从村庄西侧流过,给巴赫科沃村景观增色很多。

巴赫科沃村所在山区是山地生态旅游的理想之地,巴赫科沃村还拥有众多历史人文资源,村庄以南1km处有保加利亚第二大修道院——巴赫科沃修道院,以及著名的巴赫科沃瀑布。所有这些自然历史文化资源都推动了巴赫科沃村旅游业的发展,巴赫科沃村内有许多度假小木屋(见图2-76)、旅游服务设施以及标记清晰的旅游路线标志牌等。

图 2-75　巴赫科沃村航拍照片

图 2-76　巴赫科沃村沿街度假酒店

巴赫科沃村的建筑沿山体地形线蜿蜒排布,村庄内建筑密度很高。建筑风格多元化,既保留有古建筑,又穿插有许多新建建筑(见图 2-77),过去与未来通过建筑这一载体在同一片土地上交相辉映,反映出巴赫科沃村新的生命力。

图 2 - 77　巴赫科沃村新旧建筑交错布局

十七、巴尔加雷沃村

巴尔加雷沃村位于多布里奇大区,西南临黑海,地势较为平坦,海拔约为85～95m。901号公路从西北方向穿过村庄境内,到达村中心后向东北转出。巴尔加雷沃村景观良好,保留了许多历史建筑,有很多外来人口定居于此,目前共计 1 375 名居民。据村民介绍,这里最初由七个家庭组成小村落,19 世纪中叶后期,来自 Kotel,Elena 和 Yambol 地区的大家庭从保加利亚内陆向 Dobrudja 迁移,定居于此,与原有的村民一起组成了这个村庄。旅游、农业、渔业和手工艺是当地居民的主要经济收入来源。

村庄地势比较平,没有大的起伏,所以整体规划比较规整(见图 2-78),村公共活动中心就位于村庄的空间中心,教堂、学校、活动中心、商店、广场等公共服务空间都分布于此。住宅建筑风格比较统一,由于海边风大,建筑层高都比较低,体量也小,主要是一两层的小住宅(见图 2-79)。

图 2-78　巴尔加雷沃村航拍照片

图 2-79　巴尔加雷沃村民宅一般体量较小

　　在村庄中心沿公路处有一公共活动场地（见图 2 - 80），包括硬质广场和绿化用地，配备有简单的座椅、儿童活动设施等基础设施。村行政办公建筑位于广场一角（见图 2 - 81），体量也比较小。其他如教堂、学校、生活服务等公共功能空间也都集中于此。工业仓储用地主要分布在村庄的东边和北边。

图 2 - 80　巴尔加雷沃村中心广场周边设置了大量公共服务设施与小型街头绿化

图 2 - 81　巴尔加雷沃村行政办公建筑

巴尔加雷沃村民都是正统的基督徒。村里有两座教堂和一座修道院,分别是圣米迦勒大天使教堂(见图 2-82)、圣徒使徒彼得和保罗教堂、巴尔加雷沃修道院(见图 2-83)。这座修道院是保加利亚唯一一所献给"圣凯瑟琳"的修道院。

图 2-82 St.Archangel Michael 教堂

图 2-83 Bulgarski Monastery "St. Ekaterina"修道院

十八、普里塞尔西村

普里塞尔西村位于瓦尔纳大区,坐落在缓坡山脊上,沿 9 号公路两侧呈带状分布(见图 2-84)。在村庄中部沿公路有一条带状的公共绿地,内有小型硬质广场、排球场和儿童活动场地(见图 2-85),但活动场地上杂草丛生,似乎已经荒废,活动设施也锈迹斑斑,缺乏维护(见图2-86)。

图 2-84　普里塞尔西村航拍照片

图 2-85　中心绿地内的儿童活动场地

图 2-86　中心绿地上的荒草

村庄内有两个教堂和一个学校(见图2-87)。村子内沿道路的建筑比较破旧,远离主干道的地方分布了许多新建住宅,新建住宅中四五层高的建筑比较多。

图 2 - 87　建于 1934 年的普里塞尔西村教堂

　　室外楼梯在普里塞尔西非常常见,室外楼梯的样式大多是折板式的楼梯,楼梯下的空间被利用起来,作为阳光间或者储存空间(见图 2 - 88)。普里塞尔西村民非常注重庭院空间的利用,由于普里塞尔西种植业较发达,村民会在庭院中种植果树、修建葡萄架,将建筑遮阳架和植物结合起来,入口和路径的设计也和庭院设计紧密结合。

图 2 - 88　普里塞尔西村民宅的室外楼梯

　　除了基督教的传统节日之外，Pali Kosh 节是普里塞尔西村的民族节日，于 2 月 17 日、"Zagovezni"日的前一天晚上举行。保加利亚传统习俗中相信在这一天用火把能去除邪灵，因此村里所有的居民和客人都会为了健康跳过大火。普里塞尔西村当地的舞蹈也较为有名，在地区比赛中屡获大奖（见图 2-89）。

图 2-89　普里塞尔西村节日庆典与舞蹈表演（由普里塞尔西村当地村民提供）

十九、德拉维兹村

　　德拉维兹村位于山坡地，村庄地势由东北向西南逐渐降低（见图 2-90），而在西北和东南两侧则有一段地形高度骤降，海拔在 $100\sim200\text{m}$ 范围内。整体坐北朝南，周边地形较为复杂。9006 号公路穿过村庄境内。

图 2-90　德拉维兹村航拍照片

　　德拉维兹村经济不发达,没有太多产业功能,用地类型较为简单,仅有商业用地、宗教用地、居住用地、行政办公用地等。村庄范围内没有明显的公共开放空间。村庄内的民居建筑呈棋盘式布局,几乎所有的绿地都属于建筑附属绿地(庭院绿地),以及少量的道路附属绿地(行道树),没有集中的公园式绿化。

　　村内有较多度假别墅,住宅都比较重视阳光房和室外露台的设计,布置好休憩桌椅和凉床(见图2-91)。窗户的设置相对比较重视和景观面的呼应。此外这里也很重视庭院设计,几乎每家庭院都有葡萄架或者花架(见图2-92、图2-93),树荫下挂上吊床。室外楼梯形式多样,还有些情趣盎然的螺旋楼梯。

图2-91　德拉维兹村有较多新建的尺度较小的度假别墅

图2-92　德拉维兹村民宅入口葡萄架

图 2 - 93　德拉维兹村民宅庭院景色

村庄内有一个面积较大的幼儿园(见图 2 - 94),它不仅是一个学校,更是节假日的村民活动中心,许多外地游客也会到此进行野餐等活动。幼儿园内还有德拉维兹村资料陈列室,展示了村庄历史和重要的民俗文化活动。

图 2 - 94　德拉维兹村幼儿园同时还是村资料陈列室和节假日的村民活动室

二十、阿夫伦村

阿夫伦村位于瓦尔纳大区,坐落于一条南北向山脊线两侧,东坡较平缓而西坡较陡峭,因此村落空间主要向东侧蔓延,海拔大致在 200～300m 范围内。9006 号公路穿过村庄境内。阿夫伦村在保加利亚并不知名,但村内外籍常住人口高达 80 余人。村庄地广人稀,建设密度非常低(见图 2-95)。但村中用地类型较丰富。工业仓储用地散布村庄外围,商业用地、宗教用地、文化教育用地、行政办公用地、绿地等多集中在村中心广场附近。

图 2-95 阿夫伦村航拍照片

图 2-96 阿夫伦村中心绿地

　　村中心广场位于两条主要道路交汇处,呈台地式布局,面积较大,景观类型多样,包括花坛、廊架、喷泉、小品等多种形式的景观,景观维护质量也很高(见图 2 - 96)。中心广场周边聚集了邮局、文化中心、学校、行政办公以及银行、酒店、餐厅等(见图 2 - 97、图 2 - 98)。

　　其他公共设施还包括教堂、修道院等,此外还有一个独立的足球场。建筑材料大多取自当地,如泥砖、木材、砂石、藤条等,这些材料简单易得,却创造出丰富的建筑形式(见图 2 - 99)。

图 2 - 97　在建中的度假酒店

图 2 - 98　一处餐厅掩映在民宅庭院绿化中

图 2-99　阿夫伦村部分村宅庭院内外高差较大

第三节　保加利亚乡村总体评价

根据对 20 个村镇发展现状的初步调研，发现保加利亚乡村在生态景观与历史文化方面有着显著的发展优势。然而由于保加利亚整体经济疲软，乡村也面临着人口衰减、公共服务能力不足、市政基础设施亟待更新等困境。

一、生态景观资源优势

保加利亚乡村的生态景观资源优势十分显著。乡村地貌类型多样，境内低地、丘陵、山地各约占 1/3，平原一望无际，丘陵舒缓明朗，山地起伏壮阔。乡村多坐落于河流流经之处，生态环境与景观条件俱佳（见图 2-100）。保加利亚属温带大陆性气候，北部属大陆性气候，东部受黑海的影响、南部受地中海的影响而有海洋气候特征，冬季较暖，适宜度假。1 月平均气温为—1℃，7 月为 24℃，年降水量约 630mm。保加利亚乡村植被种类丰富，天然草甸、落叶阔叶林、针叶林不一而足。独特的气候条件同时也使保加利亚乡村拥有了众多类型的旅游资源，如冬季的滑雪场、温泉，都是绝佳的景观旅游资源。

图 2 - 100　山环水抱的保加利亚乡村

保加利亚乡村的农业景观也具有极高的观赏价值（见图 2 - 101）。如玫瑰庄园、薰衣草庄园、葡萄庄园、向日葵花地等，与保加利亚起伏壮阔的自然地形结合，倚靠天然的山林草地，形成了丰富多彩的保加利亚特色农业景观。

图 2 - 101　普罗夫迪夫市郊的葡萄园

二、历史文化资源优势

我们发现保加利亚乡村的文化资源主要集中在以下几类：

（1）教堂：20 个乡村均有教堂，教堂是保加利亚每个乡村必备的宗教文化设施。其中有 4 个村的 4 个教堂在地区乃至国家范围内有一定的影响力。

（2）修道院：3 个乡村有修道院，其中巴赫科沃与巴尔加雷沃修道院比较有名，具有国家或更大地区范围的影响力。

（3）文化馆与博物馆：20 个乡村均有文化馆，6 个乡村建有博物馆，主要为人类学博物馆、考古博物馆、酸奶博物馆、豆博物馆、葡萄酒博物馆。除此之外，所有村庄都在文化馆中收藏有自己村的历史资料与藏品（见图 2-102）。

图 2-102　各个村的文化馆、博物馆藏品

（4）历史遗址：7 个乡村附近有历史遗迹，主要为色雷斯人的建筑和古墓、修道院遗迹。

（5）节庆：18 个乡村有村内各自的节庆活动，较为特殊的有玫瑰节、酸奶节、豆纪念节与篝火节等，只有瓦尔纳附近 2 个调研村庄纯粹作为度假地，没有组织村庄自己的节庆活动。

（6）自然文化：10 个乡村拥有自然文化，一方面体现在葡萄酒、酸奶、玫瑰精油文化方面，一方面体现在温泉、岩石、瀑布自然景观方面。

（7）民族独立文化：6 个乡村拥有民族独立文化，保加利亚经历过奥斯曼长期的黑暗统治,这些深痛的记忆保存在乡村的纪念碑、避难所遗址和奥斯曼钟楼中。

　　保加利亚乡村文化资源的另一特点是其传承形式多元,有许多文化历史遗迹、表演庆祝活动、视觉艺术和手工艺、非物质文化遗产等不同形式的文化资源得以保留下来。更为细致地可分为文化历史遗迹、博物馆、纪念馆、戏剧、舞蹈、节庆、音乐、绘画、雕刻、历史人物及事件、社会风俗及礼仪、食物、服饰等(见图 2 - 103、图 2 - 104)。在我们调研过的乡村中,文化资源分别以不同的面貌被传承下来,显示了其传承形式的多元。

图 2 - 103　保加利亚乡村手工艺人

图 2 - 104　保加利亚传统民族服饰

三、村镇人口衰减

保加利亚近二十年来农村青壮年劳动力大量外涌,乡村人口不断衰减。一方面保加利亚整体人口都在下降,另一方面乡村人口持续不断向城市转移(见图 2-105)。与中国相似的是,保加利亚城乡差异巨大。城市、乡村政策不同,城市居民享有较高的医疗、教育、社会保障、养老待遇,财富不断向城市转移,使得城市对于民众具有更多的发展机遇和更大的吸引力。同时,农村生活条件相对较差,农村经济发展的速度和质量无法与城市相提并论,基础设施、生活条件、工资福利、社会资源等方面的巨大差异使得农村人口不甘屈居农村发展,大量流向城市。

乡村人口衰减导致保加利亚出现许多"空心村",这些"空心村"多数距大城市较远,经济比较落后,发展缓慢,闲置的住房和荒置的耕地随处可见。保加利亚 4 999 个村庄,164 个已无人居住,1 193 个(22.7%)村庄居住人口不足 50 人。且留守的农村人口老龄化现象严重、文化程度偏低,农村经济愈加没有发展活力与人才吸引力,这形成了恶性循环,延缓了乡村与农业现代化进程。

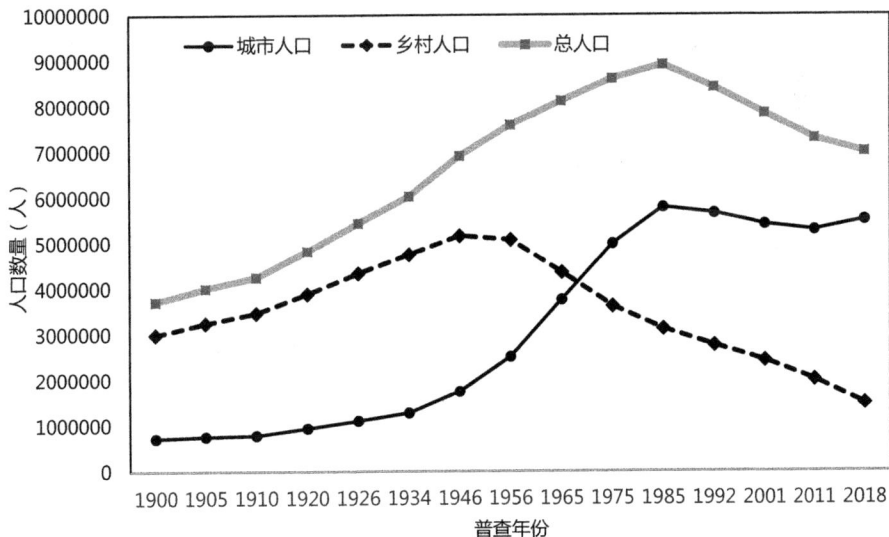

图 2-105 保加利亚城市—农村人口变化趋势

(资料来源:保加利亚国家统计网 www.nsi.bg)

四、基础设施与公共服务建设落后

保加利亚乡村基础设施建设比较落后,乡村道路、公路、铁路、车站等交通基础设施大多建成时间较长,普遍存在老化、失修、设备陈旧的现象。与中国的乡村平均水平相比,保加利亚的乡村生活性基础设施比较齐全,建设有供电供水系统、排水沟渠、环保、垃圾处理基础设施,然而由于建设时间早,多数设施陈旧而不敷使用,亟待更新。

保加利亚乡村公共服务水平参差不齐,大多数村庄缺乏医疗卫生服务和优质教育能力。基础教育条件薄弱,绝大多数村庄没有中学,规模小的 5 个村庄也没有小学和幼儿园。乡村地区缺少良好的医疗卫生条件,基本医疗、公共卫生能力缺乏保障。

五、土地资源浪费

保加利亚乡村的衰落还体现在土地资源的浪费上。保加利亚乡村的建筑密度较低,庭院大多占地在 1 000㎡ 以上,多数村民会在后院种植瓜果蔬菜,但部分村民也会疏于打理,内院杂草丛生。如果村民外迁,则整个庭院包括建筑在内就会任其荒废。克拉斯特维奇村中有近四分之一的村宅与庭院久无人住,一派破败,让整个村庄都显得萧条无比。不仅村民住宅,即便是村公共建筑也会因为破旧而被废弃。阿夫伦村的原文化中心建筑因年久失修,破损较多,村民们就在原址旁边新建了一处文化中心建筑,原建筑及周边场地就成了废地。雷夫诺格村因生态环境优异,逐渐转变成旅游度假村。但村内就业岗位有限、教育资源不足,很多孩子转而去城镇上学,因此村内一处小学被荒废,土地空置。究其根本,还是保加利亚乡村经济衰弱,土地价值极低所致。

第三章 保加利亚乡村空间格局

本章内容从宏观、中观与微观三个空间层面对保加利亚乡村空间格局进行分析。宏观是利用空间数据对保加利亚国家的高程、土地利用、生态格局进行GIS分析，初步掌握保加利亚的整体空间格局；中观层面是根据村庄土地利用现状对调研的 20 个村庄进行空间格局分类分析，探讨空间格局特征与形成机制；微观层面是对村庄内的街区空间格局进行分析，分类研究街区内院落、建筑、庭院的空间布局特征。

第一节 保加利亚国土空间特征

采用全球 DEM 数字高程数据（美国地质调查局 USGS，ASTGTM）对保加利亚地形进行数据分析，数据显示保加利亚境内低地、丘陵、山地各占国土面积的 1/3 左右，西南部是罗多彼山脉，巴尔干山脉横贯中部，两座山脉构成保加利亚国土的"人"字形骨架（见图 3-1）。巴尔干山脉以北为广阔的多瑙河平原，巴尔干山脉与罗多彼山脉之间为马里查河谷低地，山脉交接处形成了一处盆地，保加利亚首都索非亚就位于该盆地。保加利亚的山地海拔多在 650～3 000m 之间（见表 3-1），平原一望无际，丘陵舒缓明朗，山地起伏壮阔。国境北边界多瑙河和保加利亚母亲河马里查河的支流众多，形成了几乎遍布保加利亚的水网体系。

对保加利亚国土范围内的土地利用现状进行空间格局分析（见图 3-2）。保加利亚国土面积为 110 994km²，人工建设用地比例较低，仅为 5.01%。农业用地占比最大，为 51.78%，森林绿地次之，为 42.07%（见表 3-2），占较大面积，因此保加利亚全国森林覆盖率较高。人工建设用地多集中于多瑙河平原和马里查谷地，镶嵌于农业用地之中。村镇多沿流域的干流或支流布局。

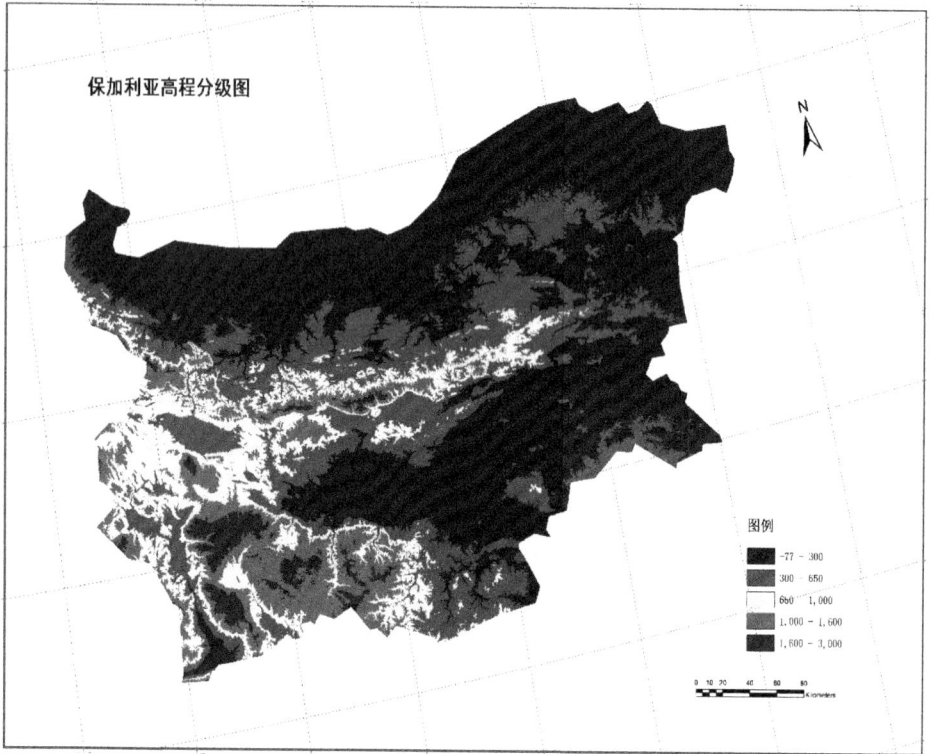

保加利亚高程分级图

图例
-77 - 300
300 - 650
650 - 1,000
1,000 - 1,600
1,600 - 3,000

图 3-1　保加利亚高程分级图

表 3-1 保加利亚的高程地理特征

高度区	高度（m）	面积（km²）	面积比例（%）
平原	0～200	34 858	31.42
丘陵	200～600	45 516	41.00
低山	600～1 000	16 918	15.24
中高山	1 000～1 600	10 904	9.82
高山	1 600～2 925	2 798	2.52

资料来源：调研组采用哥白尼遥感监测数据（Copernicus Land Monitoring Service data，https://land.copernicus.eu）

表 3 - 2　保加利亚用地类型构成表

用地类型	像元数(个)	面积(km²)	比例(%)
人工地表	89 059	5 561.2	5.01
农业用地	920 870	57 476.78	51.78
森林绿地	748 150	46 698.5	42.07
湿地水体	18 628	1 165.52	1.05
未定义地	1 687	99.9	0.09

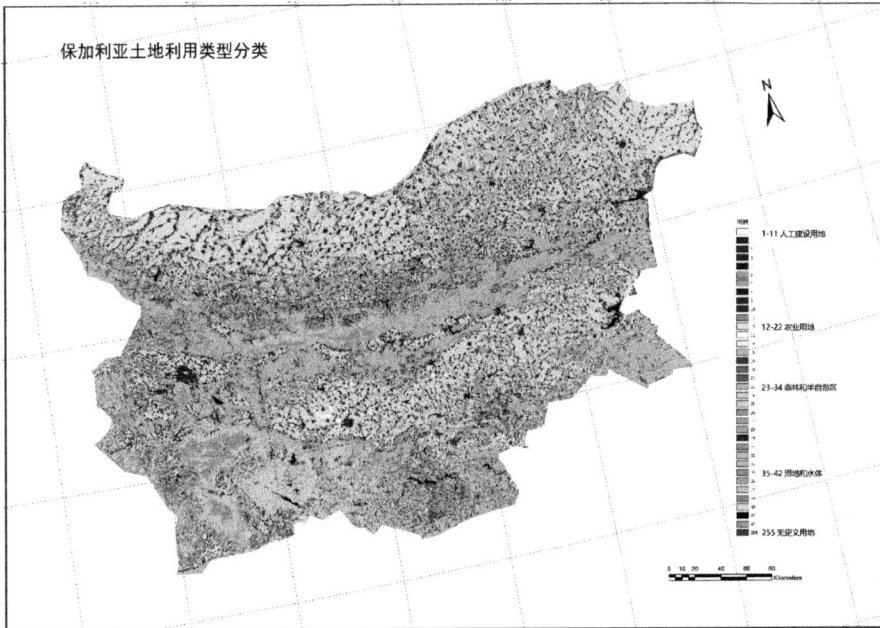

图 3 - 2　保加利亚土地利用现状图

　　保加利亚的农业用地主要位于巴尔干山脉以北的多瑙河沿岸,以及巴尔干山脉与罗多彼山脉之间的平原、丘陵地带(马里查谷地),后者同时也是色雷斯文化的发源地,蕴含了众多保加利亚历史文化遗迹。而保加利亚的首都索非亚所在盆地的非城镇用地较少,因此从保加利亚土地利用构成来看,本次对保加利亚乡村的研究选择的两大山脉之间的乡村地带更具有代表性。

　　保加利亚生态及农业用地结构与高程空间格局吻合,人字形山脉也是森林

绿地的主要空间位置,农业用地多集中于多瑙河平原与马里查谷地上,两者之间
散落着半自然林地(见图 3 - 3)。这其中阔叶林(49.15%)的占地比例最高,林
地—灌木过渡带(15.7%)的占比次之,混交林占 13.58%,针叶林占 11.36%,火
烧迹地(0.01%)占地最少,海滩与沙地(0.05%)主要位于黑海沿岸(见表 3 - 3)。

表 3 - 3　保加利亚生态用地构成

用地类型	像元素(个)	面积(km²)	比例(%)
阔叶林	367 708	22 952.31	49.15
针叶林	84 963	5 304.95	11.36
混交林	101 582	6 341.66	13.58
天然草地	62 006	3 871.31	8.29
林地—灌木过渡带	117 943	7 359.68	15.76
荒野与灌木地	5 075	317.55	0.68
植被稀疏地	6 462	401.61	0.85
海滩沙丘地	369	23.35	0.05
岩石地	1 986	126.09	0.27
火烧迹地	56	4.67	0.01

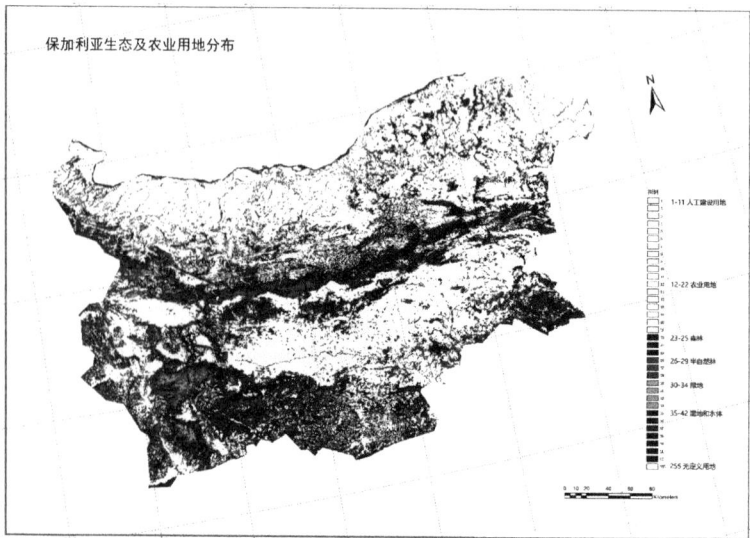

图 3 - 3 保加利亚生态及农业用地分布图

第二节　村庄空间结构分析

利用 ArcGIS 软件对 20 个村庄调研获得的图像进行矢量化处理,提取土地利用类型,进行空间格局分类分析,发现 20 个村庄主要分为四种类型:棋盘结构、山地之字结构、沿路带状结构、中心放射结构(见表 3-4)。这四种空间结构的影响因素主要是地形、道路、宗教与经济发展。另外希萨里亚镇比较特殊,是规模最大的调研对象,空间形态同时受到古城保护、地形与河流的影响,其空间格局呈现出多种类型混合的状态,因此不将其归入前述四种类型进行分析。

表 3-4　村庄空间结构类型表

空间结构类型	村庄名称	空间结构模型	结构特征
棋盘结构	约金格鲁沃,奥格尼亚诺沃,比亚加,科切沃,巴赫科沃		一般位于平坦地带,道路横平竖直,街区方正
山地之字结构	斯特雷查,莫斯里安,布雷斯托瓦,德拉维兹		一般位于山谷一侧或两侧,道路交错,形成长条状台地
沿路带状结构	伊塔拉,索科洛夫齐,斯密林,普里塞尔西		沿主要道路/山谷/山脊带状发展

（续表）

空间结构类型	村庄名称	空间结构模型	结构特征
中心放射结构	克拉斯特维奇，库托沃科纳雷，希普卡，雷夫诺格，巴尔加雷沃，阿夫伦	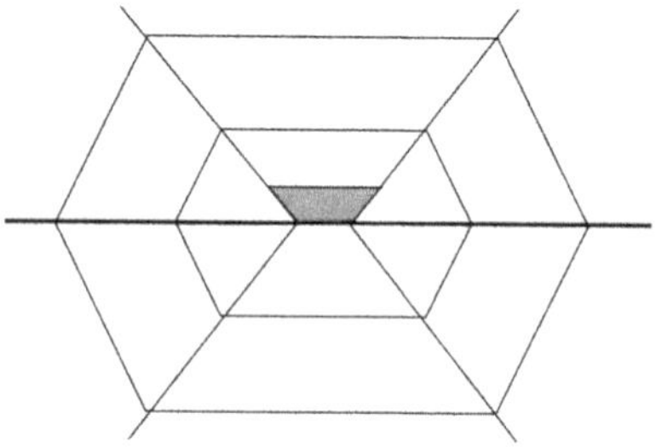	有明显的结构中心，重要道路呈放射/圈形，一般位于平坦或缓坡地带

一、棋盘结构

呈现棋盘结构的村庄有约金格鲁沃、奥格尼亚诺沃、比亚加、科切沃、巴赫科沃、德拉维兹（见表 3-5）。

表 3-5　棋盘结构村庄示意表

村庄名称	村庄结构示意
约金格鲁沃  	
奥格尼亚诺沃  	

（续表）

村庄名称	村庄结构示意
比亚加	
科切沃	
巴赫科沃	
德拉维兹	

注:表格中的影像图来源于 LocaSpaceViewer 软件截图,道路线形图为自绘,后同。

这是保加利亚乡村空间结构中占比较多的类型,因为保加利亚乡村地广人稀,大多数村庄建设密度都比较低,尤其是地处比较平坦的区域或者缓坡山地,没有地形或曲折的河流影响其规整的空间布局。这类村庄中,空间结构不存在明显的中心。其中德拉维兹村地处缓坡,棋盘状结构受到地形影响而出现一定程度上的变形。

棋盘结构的村庄内,建设密度比较平均。街区方正且面积大,道路宽广,每户占地都比较多,有前后庭院。规模小的村庄功能中心一般位于主要道路交叉口,如巴赫科沃村,规模略大的村庄功能中心会占据1～2个街区,其间布置教堂、行政服务中心、商业服务中心、学校与公共活动空间等,如约金格鲁沃等。

二、山地之字结构

呈山地之字结构的村庄有斯特雷查、莫斯里安、布雷斯托瓦(见表3-6)。

表3-6　山地之字结构村庄示意表

村庄名称	村庄结构示意
斯特雷查	
莫斯里安	

（续表）

村庄名称	村庄结构示意
布雷斯托瓦	

这类村庄一般在地形坡度较大的山地内，位于山谷的一侧或双侧，地形是影响村庄空间布局的最重要因素。例如莫斯里安所在山谷西北侧坡度缓而东南侧坡度较陡，因此村庄以单侧布局为主；而斯特雷查镇和布雷斯托瓦村在谷底两侧相对平均，村公共中心所在一侧相对占比高。由于道路难以以垂直于等高线的方向上下坡，一般会呈现斜向交叉的道路结构，因此村庄出现多个长条形台地，村民住宅就建设在这些台地上。最低处山谷会有河流穿过，水体与沿河绿化成为村庄重要的景观生态廊道。

与棋盘状结构的村庄相比，山地之字形空间结构的村庄建设密度都比较高，因为山地可建设用地有限，住宅一般占地小而层数较高，庭院面积也很小，甚至有些住宅没有封闭的庭院。村中心公共活动空间一般与谷底主要道路相临。

三、沿路带状结构

呈带状结构的村庄有伊塔拉、索科洛夫齐、斯密林、普里塞尔西（见表3－7）。

带状空间结构的村庄有两种情况，一种是位于山体陡峭的谷底，因为可建设用地宽度非常有限，如伊塔拉，索科洛夫齐，斯密林，尤其是索科洛夫齐村，作为滑雪胜地，山体陡峭，村庄宽度仅限于道路两侧各一排住宅。谷底一般有河流，因此村庄一般也直接临水。村庄建设密度高。对于这类带状村庄，山体地形是影响空间布局的最重要因素。

表 3 - 7　沿路带状结构村庄示意表

村庄名称	村庄结构示意
伊塔拉	
索科洛夫齐	
斯密林	
普里塞尔西	

　　另一种带状空间村庄位于丘陵地带的缓坡山脊上,如普里塞尔西,因为主要道路沿山脊建设,村庄最初沿路建设而呈现出带状空间形态。普里塞尔西村的教堂、学校,以及行政服务、商业服务、市政设施、公共活动空间等都沿主路布局。

道路是这类村庄呈带状空间布局的最重要影响因素,但随着时间推移,村庄范围逐渐扩大,最初的带状结构会弱化。普里塞尔西村新的住宅街区在逐步拓展村庄的厚度,可以看到其带状空间结构特征正在弱化。这类村庄内沿主路建设密度高,而外围建设密度相对较低。

　　带状结构村庄可能出现多中心,尤其是带状较长的村庄,例如普里塞尔西村沿主路有两个中心,其中一个是传统的宗教、文化中心,另一个则是新的商业、行政服务中心。

四、中心放射结构

　　呈中心放射结构的村庄有克拉斯特维奇、库托沃科纳雷、希普卡、雷夫诺格、巴尔加雷沃、阿夫伦(见表 3 - 8)。

表 3 - 8　中心放射结构村庄示意表

村庄名称	村庄结构示意
克拉斯特维奇	
库托沃科纳雷	

（续表）

村庄名称	村庄结构示意
希普卡	
雷夫诺格	
巴尔加雷沃	
阿夫伦	

中心放射结构是保加利亚乡村空间结构中占比最多的类型,这类村庄位于平坦地区或者缓坡地区,空间形态中心明确,道路从中心向外围呈发散状与环状布局,建设密度一般从中心向外围递减,而街区规模则递增。

中心放射结构反映了保加利亚乡村历史发展中以教堂为主的公共空间占据了非常重要的地位。村中心是乡村居民生活休闲、聚会娱乐之地,也是提供乡村教育、服务,举办各类节庆、仪式场所,还是寄托村民精神信仰所在。

根据村庄规模和地形条件,中心放射结构的村庄也可能出现多中心的可能。如雷夫诺格村,由于村庄分布于谷底两侧,谷底水体与绿化将村庄分为南北两片,因此出现一主一次两个中心,空间形态出现双中心发散结构。

第三节　村庄土地利用分析

研究选取了四个村庄巴尔加雷沃村、普里塞尔西村、德拉维兹村与阿夫伦村,进行村庄的土地利用空间分析。首先利用 ArcGIS 软件对获得的图像进行矢量化处理,将保加利亚乡村用地分为商业用地、宗教用地、文化教育用地、居住用地、行政办公用地、工业仓储用地、公共绿地、道路、广场、农田、林地、水体、空置地等 13 种类型,其中道路分为公路、主要乡村道路、次要乡村道路三个级别。

商业用地包括商店、旅馆、餐馆、集市、加油站等;宗教用地包括教堂、修道院等;文化教育用地包括学校、运动场、图书馆等;居住用地包括住宅、庭院,但不包括建筑周围的农田;行政办公用地包括村政府行政办公、邮局、警局等行政服务用地;工业仓储用地包括工厂、仓库;广场为村中建成的较大的综合活动硬地空间;农田包括村庄外围大面积的农田和建筑周围小面积的农田;林地包括森林、经济林和防护林带;公共绿地指公园、游园、沿路绿化等人工建设绿地;水体主要指河流、湖泊以及黑海;空置地指未被利用、没有植被群落覆盖的闲置地或废弃地。

公路指穿过村庄的主要对外交通道路,如以保加利亚道路分级标准命名的道路 9 号、901 号和 9006 号;乡村主要道路指将村庄划分并连接片区的硬质路面及砂石路;乡村次要道路指乡村主要道路之外的划分街区的部分硬质道路和土路。

一、巴尔加雷沃村的土地利用现状

　　地形数据显示,巴尔加雷沃村地处比较平坦地带,西南临黑海,海拔为85~95 m。巴尔加雷沃村土地利用类型丰富,占据了全部 13 类用地类型(见图 3-4)。巴尔加雷沃村是典型的中心放射型空间结构,宗教用地、文化教育用地、广场、公共绿地、行政办公用地等集中于村中心,商业用地沿主要道路分布,形成村庄的数个次中心,为村民提供便利。工业仓储用地主要分布在村庄的东边和北边,处于西南侧海风的下风向[①],可以减少对村庄的空间质量影响。

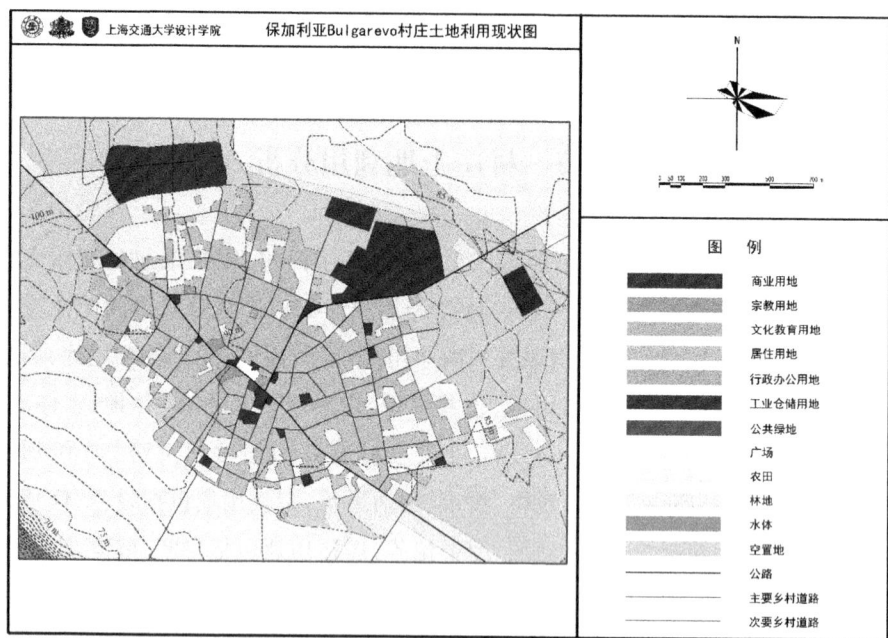

图 3-4　巴尔加雷沃村的土地利用现状图

　　正如前文所说,保加利亚村庄的中心放射空间结构主要受到宗教、服务中心的影响,对外交通性道路也发挥了引导空间布局的作用,这在保加利亚是最常见的一种乡村空间结构模式。单中心空间模式可以更好地集中资源为周边进行服务,让村民享受到更多的便利,也有利于聚集村庄人气,增强活力。随着村庄整体规模的扩大、边界到中心的交通、时间成本的增加,村庄内会出现单个或多个次中心。

---

　　① 图中所示的风玫瑰为大区中心城市瓦尔纳市的风玫瑰,因此仅具有参考意义,下同。

　　巴尔加雷沃村庄所处地区地形起伏不大,村空间格局的形成受地形因素影响较小。在村庄建设初期,村庄围绕着教堂、行政服务等用地建设,随着村庄规模不断扩大,中心功能不断完善,对公共服务的要求也在提升,例如商业服务、公共活动空间的服务便利性。于是沿着主要道路的居住建筑被改造出现了零星的商业建筑,零星空地被建设成小型公共活动空间,最终形成了巴尔加雷沃村目前的用地结构——以单中心模式为主体,商业用地与公共活动空间沿主要道路交叉口形成数个次中心。

二、普里塞尔西村的土地利用现状

　　普里塞尔西村位于一处缓坡山脊上,沿 9 号公路两侧分布。周边地形复杂,9 号公路沿山脊蜿蜒,村庄则由道路向两侧降低,从 200m 到 140m 不等。复杂的地形导致普里塞尔西村面积仅为巴尔加雷沃村的一半,但是建筑密度却远高于巴尔加雷沃村。普里塞尔西村用地类型含 12 类,由于村庄地处高地,村内没有自然水体(见图 3 - 5)。

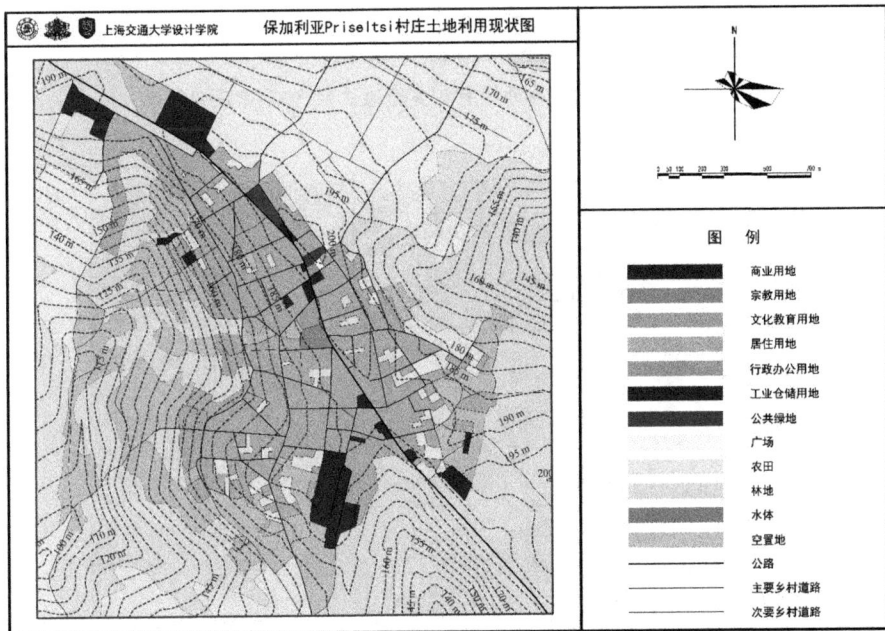

图 3 - 5 普里塞尔西村的土地利用现状图

由于地形影响、道路交通引导,普里塞尔西村庄整体呈狭长带状发展,目前发展阶段属于多中心带状空间模式。多个功能中心沿着 9 号公路分布,包括商业中心、行政中心、宗教文化中心,村工业仓储用地分布于村庄带形的两端,居住用地向路两侧纵深拓展(见图 3-6、图 3-7)。

图 3-6　普里塞尔西村外缘有较多新建住宅,住宅密度也较高

图 3-7　普里塞尔西村公共绿地及周边街区

　　普里塞尔西村带状空间结构的形成过程中,道路交通是最重要的影响要素。9号公路从村庄穿过,方便沿路发展村庄第二、三产业,包括汽车修理、销售,农产品销售等,因而普里塞尔西村与其他村庄相比,经济水平高,更有活力与发展潜力。但随着村庄规模的扩大,继续沿路带状发展会导致9号公路无法同时满足村庄对外交通与内部交通需求,从新建住宅的分布来看,村庄空间开始向垂直于9号公路的纵深方向发展,带状结构将逐步减弱,但村庄的多中心结构仍将保留下去。

三、德拉维兹村的土地利用现状

　　德拉维兹村位于丘陵地带,坐落在一座小山的南坡面山脊上,地势由东北向西南逐渐降低,海拔高度从150m到200m不等。德拉维兹村占地较小,用地类型简单,没有集中的公共绿地、广场,也没有文化教育用地,由于地处山脊地带,因此也没有水体(见图3-8)。虽然德拉维兹村没有特色文化与产业,但由于靠近黑海的区位优势、优美的山地景观及良好的生态环境,有较多的保加利亚居民来此建设度假别墅,德拉维兹村是在黑海沿岸调查村落中新建住宅比例最高的村落。

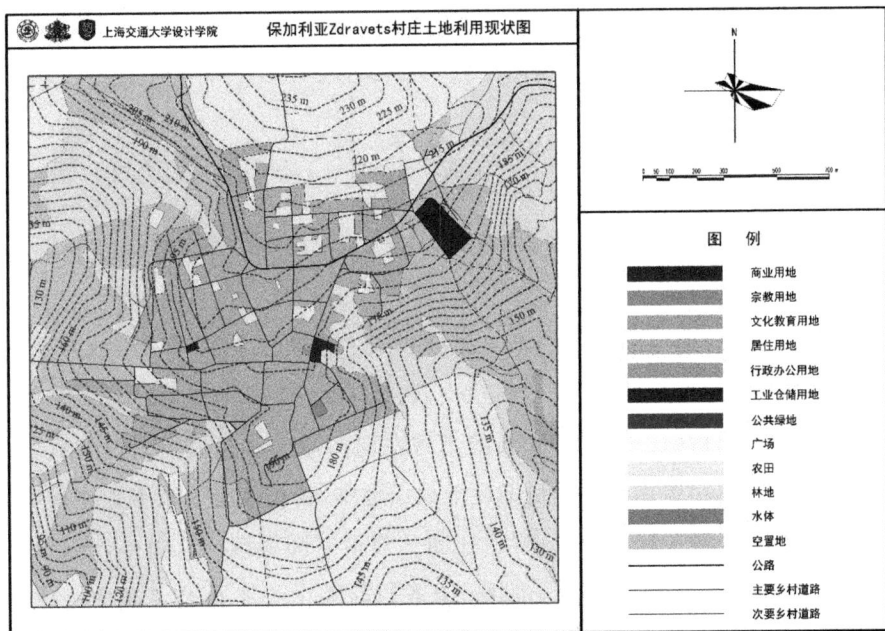

图3-8　德拉维兹村的土地利用现状图

德拉维兹村的空间格局受宗教、地形与交通等多方面因素影响。村庄东西两翼的地形坡度较大，对村庄的东西向发展带来困难，所以村庄沿着山脊线南北向拓展。教堂、行政服务中心都位于村东南侧，沿老公路布局（见图3-9）。由于新的9006号过境公路从德拉维兹村庄北侧绕过，新的住宅开始向北沿9006号公路建设。

图3-9　德拉维兹村的公共服务设施与文化设施都集中于村中心

从德拉维兹村的空间发展趋势来看，最初的村空间结构是单中心放射型，由于中心位置东侧地形较陡峭，所以村庄向西、北、南三个方向发散状拓展。但这种中心放射结构只存在于老街区，新的街区在向西与向北拓展的建设变成了棋盘型空间结构，说明保加利亚乡村即便地处山地中，村民还是追求方正格局的庭院形态。而9006号公路的建设，将村庄新的建设空间继续向北引导，于是目前德拉维兹村在整体空间上发生了偏移，服务与活动中心不再是空间中心位置。在地形的建设适宜性、交通便利性的影响下，整个村庄新的空间增长会继续向北坡延伸。目前德拉维兹村规模不大，偏居一隅的村中心仍然可以满足服务整个

村庄的功能,但随着村庄继续增长,可以预期在村北、沿 9006 号公路会出现新的
商业服务中心,甚至新的文化中心、行政服务中心。

四、阿夫伦村的土地利用现状

阿夫伦村在一条南北走向山脊线上,两条公路相交为 Y 形,顺着登高线从
村庄中穿过,公路的 Y 形交叉口就是村中心所在。阿夫伦村所处的山脊东坡较
平缓而西坡较陡峭,因此村庄空间除了沿公路方向延伸外,主要向东侧扩展。整
村海拔在 200~300m 之间。

阿夫伦村是典型的中心放射结构的半圆形空间布局形态,商业、宗教、文化
教育、行政办公、公共绿地等集中于公共中心,住宅呈圈状向外扩展,工业仓储用
地在村庄的最外围(见图 3-10)。阿夫伦村中心功能齐全,配备有各类行政、商
业、文化服务建筑、幼儿园与小学中学,公共绿地的建设标准也较高,在公共绿地
中还建设了半地下室的公共厕所,这在保加利亚乡村比较少见。这反映出阿夫
伦村曾经具有较高的经济收入水平与发展潜力。

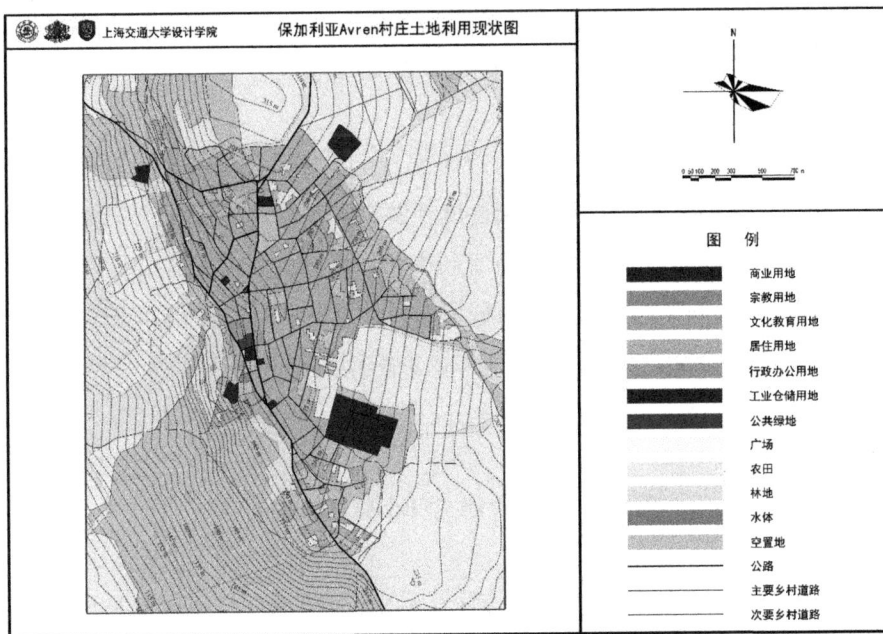

图 3-10　阿夫伦村的土地利用现状图

　　然而随着整个保加利亚国家经济萧条,阿夫伦村大量劳动力外迁,村庄人口减少,逐渐萧条,很多住宅荒废(见图 3 - 11)。当地村民反映,目前有约一半的住宅是无人居住的状况。甚至村原先的文化活动中心建筑被废弃后不是被拆除,而是任其破败。

图 3 - 11　阿夫伦村建筑密度很低

　　即便如此,阿夫伦村还是凭借地理区位与生态环境优势受到大量外来度假旅游人群的青睐。目前村内有 80 余位境外游客常住于此,多数是从西欧地区退休后前来养老度假的。另一方面,由于阿夫伦村距离保加利亚第三大城市瓦尔纳较近,部分外迁的居民会在周末与假期回村休息度假,使得阿夫伦村维持目前的状况而非继续荒废下去。这与中国的很多乡村非常相似,村庄没有发展潜力,但依然是很多外出务工人员的家乡。

第四节　街区空间模式分析

　　保加利亚除了地处比较陡峭的山区乡村,大多数的乡村街区都是比较方正的。每个街区根据规模有 8~16 个庭院不等(见图 3 - 12)。

图 3 - 12　村落内单个街区空间航拍照片示意

一、街区空间形态分析

保加利亚乡村街区内建筑大多靠近道路布局,形成建筑沿路、街区中间是庭院后花园的空间模式。

以普里塞尔西村某住宅街区为例(见图 3 - 13),街区内有 15 个庭院,其中仅有 2 个庭院中,在住宅建筑与道路之间布置了较大的前院,其他建筑都直接靠近道路。这种布局的优势在于:①建筑出入口直接对接道路,节约道路空间;②保加利亚乡村庭院的后院大多种植蔬菜或者果林,建筑临街可以最大可能地留出后院空间,增加庭院种植经济效益;③临街建筑可以与院墙一起,塑造出整齐宜人的街道空间效果。

当村庄人口增多,街区的建设密度随之增加,尤其是村中心或区位条件比较好的街区。一些新建住宅会利用街区内部的后院空间,新的住宅庭院仅以一条道路与街道相连,形成新旧住宅及庭院交错布局的空间形态(见图 3 - 14)。

图 3 - 13　普里塞尔西村某住宅街区庭院用地划分

图 3 - 14　建设密度较高的保加利亚乡村，旧住宅建筑临街，新增住宅及庭院只能建于街区内部

二、庭院空间形态分析

保加利亚乡村庭院面积普遍较大,功能很丰富,而大面积的乡村庭院则要担负着改善乡村生态环境,调节气候,提高经济产出以及改善村容村貌的责任。除了住宅建筑外,保加利亚乡村庭院一般还包含辅房、花园、果园、菜园、车库等多个部分。

可以根据不同经济水平与个人喜好,将保加利亚乡村庭院景观归纳成3种典型景观模式:生产型庭院景观、生活型庭院景观和观赏型庭院景观,分别对应"宜业""宜居"和"宜游"。

（一）生产型庭院模式

生产型庭院中果蔬类的农业种植面积的占比最大,硬质铺装面积较少(见表3-8)。这一类庭院景观是保加利亚乡村中最多的,且庭院种植的蔬果结合乡村自身产业优势,如斯密林村多种植大豆、豌豆、花豆等,布雷斯托瓦村多种植葡萄,奥格尼亚诺沃村多种植酸橙等。这一类庭院景观效果比较一般,但经济效益高(见图3-15、图3-16),是调查乡村中最常见的庭院模式。

表3-8　生产型庭院模式特征分析

模式类型	庭院模式图	空间特征
生产型庭院模式一		住宅建筑及出入口空间与生产种植空间并列,相互干扰较小。

模式类型	庭院模式图	空间特征
生产型庭院模式二	入口	住宅建筑位于庭院内侧，留出前院与侧院作为生产种植空间，建筑出入需要从种植空间中穿过。
生产型庭院模式三	入口	住宅建筑位于庭院中部，周围一圈都是生产种植，彼此干扰较大。
生产型庭院模式四	大棚 大棚 大棚 入口	建筑位于入口道路一侧的庭院角落。生产面积最大，与建筑及出入口空间之间的影响也较小。有些庭院中还会设置温室大棚。

图 3-15 后院果林与儿童活动滑梯

图 3-16 后院精致的玻璃温室,种植农产品

（二）生活型庭院模式

该类庭院硬质铺装面积占比最大,乡村居民可以在自家庭院休憩、聊天、聚

餐和文体等日常娱乐活动（见表3-9）。大面积的硬质场地适合谷物晾晒和杂物存放。该类庭院绿地种植有庭院树和一些观赏花卉，同时也保留一定的经济作物种植空间，种植香料、蔬菜和果树（见图3-17）。

表3-9　生活型庭院模式特征分析

模式类型	庭院模式图	空间特征
生活型庭院模式一		住宅建筑位于单侧，庭院空间整体以硬地为主，一般入口处布置葡萄廊架通往建筑入口，沿院墙种植绿化或果树、菜地。
生活型庭院模式二		住宅建筑位于庭院中部，前院侧院为硬地空间，后面种植绿化或果树菜地等。
生活型庭院模式三		住宅建筑位于庭院中部，周围一圈都是硬地，沿院墙种植少许绿化或果树。

图 3-17 生活型庭院

（三）观赏型庭院模式

该类庭院空间以景观绿地为主,观赏性较强(见表 3-10)。植物品种以园林植物为主,如观赏花卉、花灌木及少量乔木,一般不种蔬果。大多数庭院中还会有一定面积的草坪,园路富有变化,也会布置座椅设施等。观赏型庭院需要更细致的维护(见图 3-18)。

表 3-10 观赏型庭院模式特征分析

模式类型	庭院模式图	空间特征
观赏型庭院模式一		住宅建筑位于庭院内侧,前院空间大面积种植景观绿地,景观展示性最强。

（续表）

模式类型	庭院模式图	空间特征
观赏型庭院 模式二	 入口	住宅建筑及出入口空间与侧院景观绿地并列，侧院绿地以庭院内游憩为主。
观赏型庭院 模式三	 入口	庭院绿化呈 L 型布局，前院绿地以展示为主，侧院绿地以游憩为主。

图 3-18　保加利亚乡村的观赏型庭院

调查发现,即便多数的住宅建筑都比较简陋,但村民会精心布置前院空间,种植景观花草,搭建葡萄藤架,凉亭花架下面布置桌椅,保加利亚乡村舒适惬意的生活状态可见一斑(见图3-19)。

图3-19　保加利亚乡村简陋的住宅与精心布置的庭院空间

三、院墙形态分析

保加利亚乡村调研庭院中33%没有院墙,这些庭院都位于山区,而大多庭院都由临街院墙围合出一个个独立的庭院空间。因此院墙对于街区空间、庭院空间与街道空间都具有重要作用。

庭院围墙高度不一,用料各异。有的庭院用石头或砖块堆砌近2m高,使得单个居住单元具有良好的隐私性,同时给外人一种封闭和拒绝的感受;有的庭院围墙低矮,上方用雕花篱笆或铁栅栏围合,从外可以看到庭院内的生活场景,该类型庭院开放自由。

保加利亚乡村庭院的院墙可以分为以下三类:

(1)封闭型院墙。这类院墙高至少1.8m,有的甚至超过2m,院墙底座由大块石头混合水泥堆砌而成,底座上部由砖砌成,墙体顶部再铺上红瓦,围墙四周没有窗户,只在靠近主路一侧开设院门(见图3-20)。院墙的砖墙部分或裸露或粉刷,颜色一般为砖红色和纯白色。这种形态的围墙围合了封闭的内院空间,严密地保护了院内民居建筑。一般路人很难从墙外看到院内场景,极大地保证了居民的隐私,也具有一定的防御功能。但一般来说,这种院墙隔断了游客对民居建筑的吸引力,增加了人与建筑的距离感。

图 3 - 20　封闭式院墙

(2)半开放型院墙。这类院墙由上下两部分组成,下部由石头砌成,高约0.7m,上部是由钢筋编织成不同形态的护栏,颜色多为绿色和灰白色,与石头和院内绿植相呼应(见图 3 - 21)。墙外的人通过护栏,很容易看清院内的场景,有利于捕获游客的好奇心,增加人们对于院内活动的关注,但同时齐人高的护栏也保证了院落的安全性。

图 3 - 21　半开放院墙

(3)开放型围栏。这类庭院由篱笆或铁栅栏围合而成,它们很难阻隔人们的视野,院外路人可以很直接地看到院内场景,使人能"参与"到庭院内,具有很强的吸引力(见图 3 - 22)。这类院"墙"也能保证安全性,但是户主的隐私性会降低。保加利亚乡村这类庭院最少,多数为新建住宅或民宿类住宅。

图 3 - 22 开放型围栏

有庭院的建筑中,约 50% 的庭院为半开放式,约 28% 的庭院为封闭型的,22% 是开放型围栏。

四、街道空间分析

（一）道路级别组成

乡村主要道路分为对外交通性道路和对内连接性道路,即可以连通公路或高速路的主路,与聚落内连接着各个居住街区的主要道路。

大部分保加利亚乡村的对外交通性道路都会穿过聚落中心位置,乡村政府和公共空间也分布在对外道路两侧,对外道路同样承担着聚落内部的主要交通作用。而部分乡村如希萨里亚镇,希普卡村,莫斯里安村,布雷斯托瓦村,科切沃村和德拉维兹村的对外道路位于聚落的一侧或外侧,乡村政府和公共空间没有位于其侧,优势在于可以减少外部对聚落的干扰。

（二）道路宽度与材料

对外交通性道路宽度最宽,平均宽度为 7.4m,对内主要道路较宽,平均宽度为 5.6m,宅间路宽度最窄且变化较大,平均宽度为 4.5m。平原乡村宅间路宽度比山区宅间路宽度大（见图 3 - 23）。对外道路路面材料大多为沥青,部分路面材质是弹石,道路质量良好（见图 3 - 24）;对内主要道路材质同样主要为沥青,部分为混凝土路面（见图 3 - 25）,部分山地村庄主要以石材为铺装,与周边山体契合度高,道路质量也维护得较好（见图 3 - 26）。宅间路虽然大部分为沥青和混凝土,但越往聚落边缘路面质量越差,聚落边缘一般为土路或碎石路（见图 3 - 27）。

　　很多乡村的宅间路甚至主要道路质量堪忧,尽管路面材料多为沥青与混凝土,但是路面轻则开裂、坑凹,重则大面积破损,露出碎石和泥土。土路、碎石路在雨天就会变得泥泞,且行车时也常出现颠簸,给村民或游客出行交通带来不便。

图 3 - 23　对外交通性道路多为沥青路面

图 3 - 24　比较少见的以弹石作为对外交通性道路的路面材料

图 3 - 25　村落内主路的路面主要为沥青或混凝土

图 3－26　山地村庄中会有以石材作为道路铺装

图 3－27　保加利亚乡村比较常见的沙石路面

（三）街道绿化特征

对外道路上往往有中心绿化带和两侧的行道树,洋槐和椴树是最常见的行道树种类,景观优美。对内主要道路一般没有绿化及行道树,只有稀松的小乔木点缀,小乔木多为经济树种如樱桃、核桃等。宅间路两侧多为自然杂草生境(见图 3－28)。对外道路和主要道路平均绿化率仅为 22%,个别案例是巴赫科沃,主要道路绿化率为 100%,给人留下了深刻印象。调研发现道路上较难见到高大的树荫,也普遍缺少灌木及地被,绿化效果主要依赖于住宅庭院绿化,有些村民会在自己的院墙外种植绿化,改善了道路公共空间效果。

图 3－28　保加利亚乡村内部道路两侧上较少种植行道树

第四章　保加利亚乡村生态景观

　　生态环境是乡村振兴重要的基础和保障,优美宜人的生态环境也是乡村区别于城市特色、发展特色乡村产业与乡村旅游的优势所在。生态环境主要为生长着植物群落的不同生境,因此本章从生态学角度讨论保加利亚乡村的植物群落特征和群落生境景观。

第一节　生态调研样地选择

　　本书对乡村生态资源的研究范围主要为乡村聚落内部及其周边环境。将乡村植物群落的生境分为水边、建筑周边、绿林地和路边四类。由于作物农田大多分布在村落外围,村落内部几乎没有大面积农田(仅民居内部庭院中有一定面积的菜地),故不将农田单独列为一类生境。四类生境中,水边主要指村落河道、湖泊周围,不包含建筑周边的私人区域;建筑周边指房前、屋后的住宅院内;绿林地指村落内部的公共绿地和经济林;路边指村落主干道或支路周边区域。

　　本研究共计调查了 20 个村庄中 4 类生境 137 个植物群落,其中水边生境 17 个,建筑周边生境 45 个,林地生境 27 个,路边生境 48 个。采用植物生态学四大学派之一的"法瑞学派"调查法对植物群落进行了全面系统的调查。因为村落内群落分布零散,斑块形状和面积差异较大,所以根据群落具体边界(建筑、庭院、道路、河道、农田等)设置样方(见图 4 - 1)。

　　根据研究需要和乡村植物群落结构的具体特征,将各群落样点在垂直空间上分为乔木 1 层(T1)、乔木 2 层(T2)、灌木层(S)和草本层(H),其中高度大于 8m 的乔木计入 T1 层,小于 8m 的乔木计入 T2 层。记录每层的最大高度和总盖度;对乔木层记录植物种类、数量、平均胸径(DBH,cm)、最大高度和平均高度

图 4-1 调研样地选择

（H，m）、平均冠幅（CW，m）、冠型、多盖度；对灌木层和草本层，记录每个种的名称、最大高度（H，m）和多盖度。草本层随机设置 3 个 1m×1m 的样方。

记录样地生境特征，包括坡度坡向，水分条件（高亢地、平坦地、低湿地、水生），光照条件，地表覆盖情况（灌草、土壤/裸地、枯枝落叶、砾石/硬地铺装、垃圾），群落周边环境等。此外，绘制群落平面图，并标注群落编号、位置、指北针、植物的相对位置、名称等信息，作为对样地内文字描述所不便表达的信息的补充描述。

第二节 植物群落科属组成

在调查的 137 个样地中，共记录种子植物 82 科 224 属 250 种，植物科属种的数量分布状况排列如表 4-1。

表 4-1 保加利亚地区乡村植物科属种组成表

科	属/种	科	属/种	科	属/种	科	属/种	科	属/种
菊科	24/27	玄参科	3/3	柳叶菜科	2/2	银杏科	1/1	秋海棠科	1/1
蔷薇科	14/21	大戟科	3/3	景天科	2/2	茶藨子科	1/1	石榴科	1/1
唇形科	16/16	十字花科	3/3	百合科	2/2	冬青科	1/1	鼠李科	1/1
禾本科	13/13	夹竹桃科	3/3	漆树科	2/2	卫矛科	1/1	木兰科	1/1
豆科	13/15	车前科	2/2	罂粟科	1/2	黄杨科	1/1	报春花科	1/1

（续表）

科	属/种	科	属/种	科	属/种	科	属/种	科	属/种
伞形科	8/9	葡萄科	2/3	五福花科	1/2	苦木科	1/1	木贼科	1/1
苋科	5/6	壳斗科	2/3	毛茛科	1/2	柿科	1/1	紫萁科	1/1
桔梗科	5/5	榆科	2/2	悬铃木科	1/2	商陆科	1/1	列当科	1/1
松科	4/5	胡桃科	2/2	马鞭草科	1/2	眼子菜科	1/1	堇菜科	1/1
旋花科	4/4	杨柳科	2/2	槭树科	1/2	马兜铃科	1/1	天门冬科	1/1
石竹科	4/4	桑科	2/2	无患子科	1/1	马齿苋科	1/1	天南星科	1/1
蓼科	3/4	紫葳科	2/2	椴树科	1/1	酢浆草科	1/1	虎耳草科	1/1
茄科	3/4	绣球科	2/2	桦木科	1/1	蒺藜科	1/1	千屈菜科	1/1
木樨科	3/3	小檗科	2/2	七叶树科	1/1	鸢尾科	1/1	荨麻科	1/1
柏科	3/3	牻牛儿苗科	2/2	凤仙花科	1/1	大麻科	1/1		
忍冬科	3/3	五加科	2/2	葫芦科	1/1	香蒲科	1/1		
锦葵科	3/3	紫草科	2/2	胡椒科	1/1	茜草科	1/1		

统计结果显示，在所调查的植物中大种科（10种以上）有5个，含80属92种，分别占总属、种数的35.7%和36.8%；中等科（6～9种）2个，含13属15种，分别占总属、种数的5.8%和6.0%；寡种科（2～5种）39个，含95属107种，分别占总属、种数的42.4%和42.8%；剩余36科为单种科（见表4-2）。

表4-2 保加利亚地区乡村植物科的数量统计

类别	单种科（1种）	寡种科（2～5种）	中等科（6～9种）	大种科（10种以上）
科（属/种）	36(36/36)	39(95/107)	2(13/15)	5(80/92)
占科属种的比例(%)	43.9(16.1/14.4)	47.6(42.4/42.8)	2.4(5.8/6.0)	6.1(35.7/36.8)

5个大种科分别为菊科（compositae）、蔷薇科（rosaceae）、唇形科（lamiaceae）、禾本科（gramineae）和豆科（leguminosae），共计占总科、属、种数的6.1%、35.7%和36.8%。其中菊科主要为杂草和部分园林观赏花卉；蔷薇科主要为庭院内种植的果树和部分杂草；唇形科均为杂草；禾本科主要为杂草和部分草坪

草;豆科中有落叶大乔木、作物和部分杂草。这些优势种的大多数种为世界广布型种,不能代表本地区植物区系的特点,而从实地调查中发现,松科、柏科、壳斗科、榆科、无患子科、桦木科、木樨科、七叶树科、紫葳科和椴树科等较为常见,广泛应用的种类有刺槐、槐、黑松、云杉、朴树、糖槭、椴树、白花、白蜡、侧柏、七叶树、麻栎和板栗等。其中较为特殊的是在瓦尔纳地区巴尔加雷沃和普里塞尔西村庄中都发现了欧洲较少分布的竹类,作为庭院绿化种植于私家庭院中。

在保加利亚乡村植物群落常见的 250 种植物中,草本植物种类最多,为 155 种,占比 62.0%。其中以一两年生草本植物种类居多,共 81 种,主要为自然侵入的杂草和较少人工种植的观赏性品种。种类数量次之的为乔木种类,共计 51 种,以落叶乔木为主,种数约 5 倍于常绿乔木。灌木植物共计 32 种,落叶灌木明显更多,并且大部分为蔷薇科的落叶灌木和其他景观型灌木,自然生长的灌木较少。蕨类植物 2 种,水生或沼生植物 4 种,种类较少。藤本植物 11 种,竹类1 种。

将保加利亚乡村的植被种类与中国长三角平原水网地区的乡村植被进行对比(见表 4-3)。有研究(夏云强,2017)调查了长三角平原水网地区乡村植被(下文简称长三角地区),在 256 个样地中,共记录了种子植物 85 科 204 属 269 种。比较发现,保加利亚乡村地区和长三角平原水网地区乡村植被科属种的数量上较为接近;两地区大种科都有 5 科,保加利亚唇形科较多,而长三角地区的十字花科较多。十字花科大多数植物种类为蔬菜,如卷心菜、荠菜、青菜、萝卜、独行菜、甘蓝等。而保加利亚乡村内人工种植蔬菜种类较少,且不为十字花科蔬菜。唇形科植物多为杂草,多出现在保加利亚乡村的林下、路边和废弃地中。保加利亚乡村突出表现在庭院内的果树品种更多,如苹果、李子、樱桃、桃、覆盆子、无花果等,而中国长三角地区村民更希望在庭院内种植可食用的蔬菜,这受到两地饮食文化和生活习惯的影响。

表 4-3　保加利亚与中国长三角地区大种科对比

保加利亚乡村		中国长三角平原水网地区	
科名	属/种	科名	属/种
菊科	24/27	菊科	21/25
蔷薇科	14/21	禾本科	16/19

（续表）

保加利亚乡村		中国长三角平原水网地区	
科名	属/种	科名	属/种
唇形科	16/16	豆科	11/17
禾本科	13/15	蔷薇科	11/17
豆科	13/13	十字花科	6/10

相比于长三角地区,保加利亚落叶灌木比例明显大于常绿灌木,而长三角地区则完全相反,这主要是由于气候类型差异导致(见表4-4)。一两年生和多年生草本植物保加利亚乡村较长三角地区相对偏高。水生或沼生植物相比于长三角地区较少,分析其原因是由于长三角地区种植的水生经济作物较多,如荷花、茭白、茨菇、菱角等。竹类在欧洲没有分布所以没有出现,其他植物种类数量与比例上保加利亚乡村和长三角地区相似度较高。

表4-4　保加利亚乡村与中国长三角地区植物生活型对比

生活型		保加利亚乡村		中国长三角地区	
		植被种数	比例	植被种数	比例
乔木类	落叶乔木	42	16.8%	41	15.2%
	常绿乔木	9	3.6%	11	4.1%
灌木类	落叶灌木	26	10.4%	10	3.7%
	常绿灌木	6	2.4%	37	13.8%
草本类	一两年生草本植物	81	32.4%	84	31.2%
	多年生草本植物	68	27.2%	55	20.4%
	蕨类植物	2	0.8%	0	0.0%
	水生或沼生植物	4	1.6%	17	6.3%
	藤本类	11	4.4%	8	3.0%
	竹类	1	0.4%	6	2.2%
总计		250	100.0%	269	100.0%

第三节　植物群落聚类分析

聚类分析目的是直观地展示乡村聚落内自然环境中植物群落间的共性与个性，从而为最终的植物群落设计提供参考。

木本群落用相对显著度来表征每个物种的优势度，草本群落以物种的最大高度与盖度的乘积表征优势度，采用优势度分析法确定群落的优势种。植物群落的划分采用聚类分析的方法，以物种在各样方内的相对优势度值为基础进行聚类分析。使用 Sorensen（Bray-Curtis）距离系数和组平均法（Group average）进行群落聚类分析。聚类分析、物种多样性的计算使用 PC-ORD 5.0 软件。

相对显著度＝（样方中该种个体胸面积和/样方中全部个体胸面积总和）×100%

在相似度 75% 的水平上将 140 个群落划分为 41 个群落类型，并以优势种命名，如图 4-2。

结合群落外貌、结构特征，将 41 个群落类型划分为常绿针叶林、针阔混交林、落叶阔叶林和灌木丛 4 种植被类型，各群落类型的出现频数如图 4-3。

落叶阔叶林是最重要的组成部分，其余常绿针叶林、针阔混交林和灌木丛占比差距较小。符合保加利亚温带大陆性气候以落叶阔叶林为主的植被特征。

具有该乡村地区特征的群落分别为，常绿针叶林：云杉＋蓝冰柏群落、赤松＋冷山群落等；针阔混交林：云杉＋椴树群落、侧柏＋七叶树群落等；阔叶落叶林：椴树＋七叶树群落、苹果＋梨群落、麻栎＋苹果群落、核桃＋白蜡群落、刺槐＋白桦群落、榆树＋朴树群落等；灌木丛：月季＋小叶黄杨群落、无花果＋覆盆子群落。

乡村聚落内植物优势种为：欧洲黑松、云杉、椴树、七叶树、侧柏、樱桃、无花果、冷杉、苹果、月季、梨、扁柏、糖槭、小叶黄杨、蓝冰柏、茅莓、槐、夹竹桃、李、桃、赤松、白花泡桐、垂柳、覆盆子、麻栎、枣、一球悬铃木、石榴、白蜡树、刺槐、白桦、杨树、木槿、榆树、朴树、绣球、葡萄和柿等。

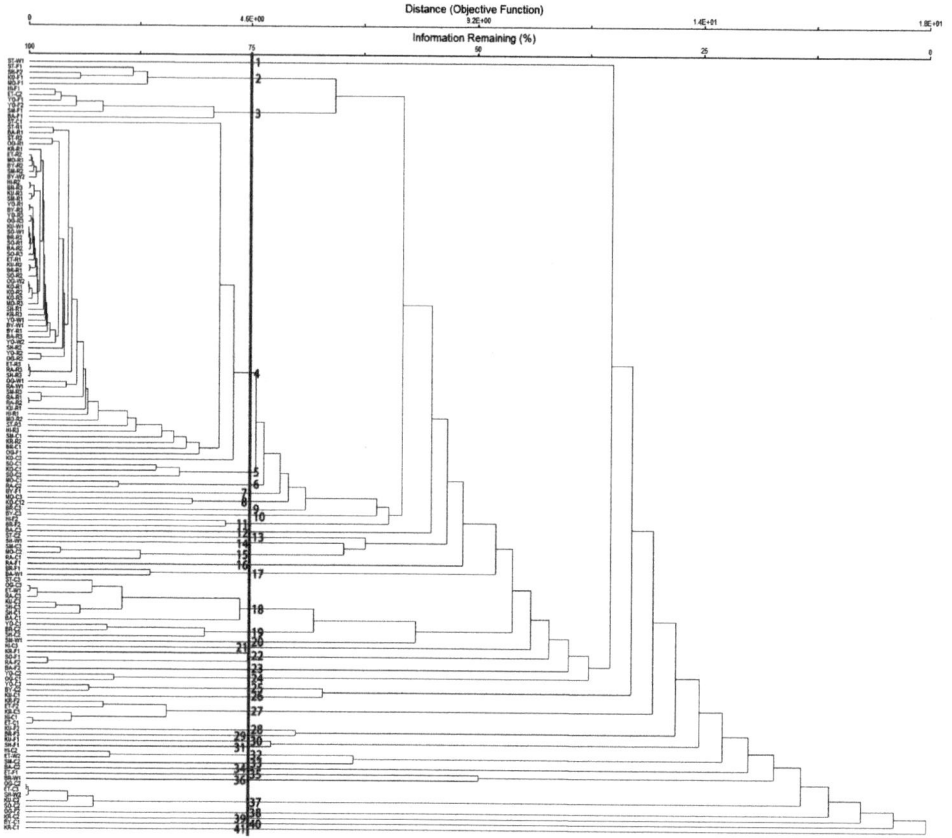

图 4 - 2　植物群落聚类分析图

注:1.欧洲黑松群落 2.云杉＋椴树群落 3.椴树＋七叶树群落 4.侧柏＋七叶树－樱桃＋无花果－苋＋豌豆＋番茄＋蒲公英＋薄荷＋狗尾草＋草木樨群落 5.冷杉＋侧柏－樱桃＋苹果－月季群落 6.苹果＋梨群落 7.扁柏＋糖槭＋七叶树群落 8.月季＋小叶黄杨群落 9.云杉＋蓝冰柏群落 10.茅莓＋无花果＋月季群落 11.槐群落 12.月季＋夹竹桃群落 13.李＋木槿群落 14.李群落 15.苹果＋李＋桃群落 16.赤松＋冷杉群落 17.白花泡桐＋垂柳群落 18.苹果－月季群落 19.无花果－覆盆子群落 20.麻栎－苹果群落 21.枣＋苹果群落 22.云杉＋赤松群落 23.一球悬铃木群落 24.石榴群落 25.桃－覆盆子群落 26.桃＋樱桃群落 27.核桃＋白蜡群落 28.刺槐群落 29.刺槐＋白桦群落 30.杨树群落 31.杨树＋椴树群落 32.垂柳群落 33.垂柳－木槿群落 34.无花果群落 35.榆树＋朴树群落 36.朴树群落 37.樱桃群落 38.白蜡树群落 39.绣球群落 40.葡萄群落 41.柿群落

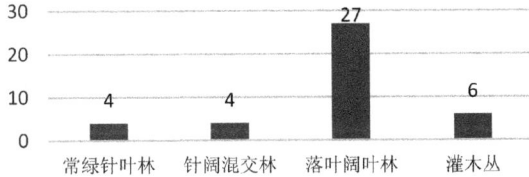

图 4-3　各植被类型频数

第四节　典型生境特征分析

一、水边、林下、路边生境

保加利亚乡村地区植物群落中常见物种及其出现频率如表 4-5 所示。初步统计结果表明：在水边、林下以及路边三种生境群落中较常见的（F＞5%）乔木树种有 11 种，灌木 6 种，草本 42 种。

表 4-5　水边、林下以及路边三种生境中常见植物及其出现频率

频度/F	生活型		
	乔木	灌木	草本
F＞15%	椴树、苹果树、桃树	覆盆子	马齿苋、灰灰菜、蒲公英、狗牙根、萹蓄、车前草、车轴草、老鹳草、黑麦草、酢浆草
15%＞F＞10%	云杉、白蜡	月季	打碗花、锦葵、苜蓿、繁缕、苦苣、薄荷、麻叶荨麻、天胡荽、西红柿
10%＞F＞5%	白桦、七叶树、糖槭、洋槐、侧柏、李子树	小叶黄杨、无花果、玫瑰、丁香	野胡萝卜、马唐、苦荬菜、早熟禾、苋菜、草木樨、蛇含委陵菜、酸模、小蓬草、狗尾草、拐芹、蛇床、一年蓬、常春藤、金盏菊、八仙花、大丽花、辣椒、茴香、万寿菊、南瓜

出现频率在 15% 以上的乔木有椴树、桃树和苹果树。椴树在林下生物群落中出现，同时，椴树也是乡村地区行道树的首要选择。桃树和苹果树则只在庭院

中出现。云杉、白蜡、白桦、七叶树、糖槭、洋槐、侧柏以及李子树出现频率均大于 5%。普罗夫迪夫地区和瓦尔纳地区纬度与我国北京相似,适合温带气候生长的桃树、苹果树以及李子树是主要的庭院食用观赏树种。

灌木在保加利亚乡村地区应用并不广泛,常见灌木均仅出现在庭院中。覆盆子是保加利亚乡村地区最常见的灌木种类,其频率为 11.24%。而频率在 5%~10%之间的月季、小叶黄杨、玫瑰和丁香作为庭院观赏植物,拥有丰富的季相变化,提供了不同季节的审美享受,无花果的频率为 8%左右,大多作为行道树以及庭院食用植物出现。总的来说,村落中灌木层处于相对缺失的状态,应用种类较少,形式单一,具有较大的提升空间。

出现频率较高的草本植物种类丰富,主要有自然入侵的杂草和人工种植的蔬菜作物。自然杂草中,出现频率高于 15%的主要种类有马齿苋、灰灰菜、蒲公英、狗牙根、萹蓄、车前草、车轴草、老鹳草、黑麦草和酢浆草。值得注意的是出现频率在 5%~10%的一年蓬和小蓬草作为入侵物种,入侵危害极大,应加强防范和处理。人工作物中,出现频率较高的种类有西红柿、金盏菊、八仙花、大丽花、辣椒、茴香、万寿菊和南瓜,全部为旱生植物。人工种植的湿生植物和水生植物的出现频率并不高,其原因主要在于水边生境大多数为自然驳岸,生境未受人工干扰。

二、公共绿地

公共绿地的生态环境与景观质量会根据乡村规模、经济水平与空间发展模式变化。少数乡村具备功能完善、景观多样的公共绿地。例如阿夫伦的公共绿地位于两条城市主干道交汇的地方,由于地处山区,该绿地以西高东低的台地形式呈现(见图 4-4)。植物群落结构相对完整,上层以挪威槭、云杉为主,中下层的群落结构更加丰富,以木槿、冬青为主;并且在花坛中大量使用了矮牵牛、四季秋海棠、孔雀草等观赏性花卉,明显能够看出花草经过更换,是有意识地进行管理维护。

但保加利亚乡村大多数的公共绿地生态效益与景观效果都不佳。例如普里塞尔西村公共绿地中的植物群落主要以雪松、云杉、侧柏等常绿大乔木为主,搭配少量的槐树、挪威槭等落叶乔木,分布有少量的木槿、蒲公英、乳苣等,且因为

图 4 - 4　阿夫伦村公共绿地

缺乏管理维护,部分地被已经泛滥为杂草(见图 4 - 5)。从总体来看,该植物群落缺乏中下层次的群落结构,生态效益较差,常绿落叶树种比例失调,缺少观赏性花卉或树种,导致整体景观效果较差,与周围环境连接性较弱。

图 4 - 5　普里塞尔西村公共绿地

　　保加利亚村庄内的公共绿地质量差、维护不佳的原因,除了保加利亚乡村经济实力较弱、对于乡村建设投资较少以外,还在于居民对于公共绿地的需求不强。根据访谈,保加利亚村民普遍表示,乡村需要满足日常的交流、活动的公共开放空间,相比较公共绿地,村民更关注私家庭院绿化。

三、庭院

　　在庭院群落中,葡萄是出现频度最高的蔬果。过半的庭院种植了葡萄,且长势茂盛。有些葡萄架设在出入口成为入口廊道,有些设在内院成为活动空间的顶棚,有的庭院葡萄架架在了庭院之外,形成了行道树景观(见图 4 - 6)。常见的庭院水果有树莓、石榴、樱桃、核桃、李子树、苹果树、桃树、无花果和覆盆子,有丰富的季相变化。蔬菜主要是西红柿、辣椒、茴香、南瓜、扁豆、茄子和黄瓜等,和我国北方乡村庭院蔬菜种类大致一致,蔬菜大多数直接露天种植,少部分庭院采用大棚种植。不同的是,保加利亚乡村地区庭院中种植了大量的观赏植物,最常见的是月季、金盏菊、侧柏和大丽花,频率均大于15%。而万寿菊、小叶黄杨、八仙花、丁香、玫瑰、玉簪、云杉、月见草、凌霄和薄荷也较为常见(见表4-6)。整体来看,乡村庭院观赏植物色彩、质地、外形多样,季相变化丰富。

图4-6 内院葡萄架与攀援植物形成沿路景观

表4-6 庭院植物常见植物及其出现频率

频度	果类	蔬菜	园林品种
F>15%	葡萄、苹果树、桃树、无花果、覆盆子	西红柿、辣椒、茴香	月季、金盏菊、侧柏、大丽花
10%>F>15%	李子树	南瓜、扁豆	万寿菊、小叶黄杨、八仙花、丁香、玫瑰
10%>F>5%	树莓、石榴、樱桃、核桃	茄子、黄瓜	玉簪、云杉、月见草、凌霄、薄荷

　　乡村庭院景观的设计能够最直观地反映出农业发展的现状,可以展现庭院独特魅力,并且在一定程度上可以直接推动农业生产的发展。保加利亚乡村地区的大多数村民都拥有"独门独户"的自家庭院,实践调查将现有庭院植物景观模式,根据乡村地理环境、经济水平和个人喜好等归纳成 3 种植物景观类型:农业生产型绿化、乡土生活型绿化和景观观赏型绿化(见图 4-7~图 4-9)。

图 4-7　农业生产型庭院绿化以农业经济作物种植为主,包括蔬菜、果林等

图 4-8　乡村生活型庭院绿化以活动空间为重心,多数会建设廊架,为村民纳凉、户外娱乐、与邻居聊天等活动提供空间

图 4-9　景观观赏型庭院空间种植以景观花卉与草坪为主

第五节 古树名木及国家保护植物

据世界自然保护联盟（International Union for Conservation of Nature，IUCN）红色名录（2009）统计，保加利亚整个国家共有801种维管植物处于威胁类别（占总植物种类数量的20.5%），其中1种灭绝，12种区域灭绝，208种极度濒危，297种濒临灭绝，204种脆弱和79种近危。其中495种受到国家生物多样性法案的法律保护，占总数801种的61.7%。

古树名木方面，本次调查中7个村庄存在古树，其中林地生境样点古树最多，路边次之，水边最少，庭院中没有古树（见表4-7）。但是水边出现的杨树在所有古树中拥有最大胸径，达2m以上，该古树出现在巴赫科沃村中。调查中出现的古树种类有柏木、国槐、核桃、椴树、白蜡、七叶树、杨树、柳树、云杉、刺槐、泡桐、三球悬铃木、二球悬铃木、柿树、水杉、榉叶槭（见图4-10~图4-13）。其中只有1株柿树和1株水杉有明确的保护措施，其余古树都未见明显的标识及保护。古树保护情况不容乐观，病虫害、周边土地硬质化、排水不畅等都将对古树造成不利影响。

表4-7　保加利亚乡村古树调查结果

生境	种　类	出现村落
林地	柏木、国槐、核桃、椴树、白蜡、七叶树、杨树、柳树、云杉、泡桐、三球悬铃木、柿树、水杉、二球悬铃木	希萨里亚、伊塔拉、Kurtovo、Momchilovsti、巴赫科沃
路边	白蜡、国槐、椴树、榉叶槭	约金格鲁沃、奥格尼亚诺沃
水边	二球悬铃木、杨树	巴赫科沃

图 4 - 10　古树云杉

图 4 - 11　古树刺槐

图 4 - 12　古树柏木

图 4 - 13　古树国槐

第五章 保加利亚乡村建筑风貌

对保加利亚普罗夫迪夫地区和瓦尔纳地区的 20 个村庄内的各类建筑进行实地调研。将建筑按照功能主要分为三大类:一是居住建筑,以乡村民居建筑为主。二是公共建筑,包括:①宗教建筑,如教堂、修道院;②文教建筑,如学校、博物馆;③休闲娱乐设施,如村民活动中心;④历史遗迹。三是产业建筑,如温室大棚、牲畜棚、生产车间、作坊、厂房、沿街商店等。其中调研重点关注分布最广、使用最多、影响力最大的民居建筑。

此次对保加利亚乡村建筑的调研分析主要采取三种方法:前期的建筑测绘、使用者访谈和调研后的评价。对每个村庄的各种类型建筑数据进行记录,包括:数量、位置、层数和高度、体量、建筑年龄和新旧程度、颜色、风格、形态、材料、现状等。课题组总计具体调查记录的建筑数量近 400 个;再对当地村民和政府官员进行交谈,了解建筑历史和功能等;调研路径沿着主要道路、河流沿岸、村域边界等形成闭合范围,覆盖村庄最高处、最远处、最中心的建筑。

对保加利亚乡村建筑评价包括对建筑规模、建筑风貌、建筑历史、风格、材料、空间形态进行客观描述和评价,以及对乡村建筑的完整性、原真性、艺术性、独特性、连续性、丰富性、街区氛围、舒适度、洁净度等主观评价和打分。

第一节 乡村民居建筑特色分析

选取 273 个保加利亚乡村民居建筑进行细节比较分析(见图 5 - 1、表 5 - 1)。273 栋建筑中,83% 建筑完好,11% 维护不佳,另有 6% 的建筑被废弃;273 栋建筑中,47 栋一层建筑,106 栋二层建筑,102 栋三层建筑,18 栋四层建筑。建筑材料以木材、砖、石材、混凝土为主。

图 5-1　保加利亚乡村民居调研

　　在具体分析的 273 栋民居建筑中,没有单坡顶屋顶,49 栋(18%)为双坡顶建筑,159 栋(58%)为四坡顶,还有 68 栋(25%)建筑为拼接顶,如双坡拼接和四坡拼接,14 栋为其他多坡顶,如重檐顶等。屋顶颜色主要分为两种,241 栋(88%)建筑屋顶呈现红色或偏红色,30 栋(11%)建筑屋顶是黑色或偏黑色,2 栋建筑屋顶为其他颜色(如白色)。262 栋(96%)建筑屋顶使用了瓦片,174 栋建筑屋顶使用木材,53 栋建筑屋顶使用石材,部分建筑屋顶同时使用两种或三种材料。

　　受地形影响,建筑底层随地形变化,90 栋建筑底层是倾斜的,183 栋建筑底层是水平的。48 栋建筑没有楼梯,172 栋建筑具有室内楼梯,61 栋建筑具有室外楼梯。55 栋建筑没有庭院,其他 218 栋建筑具有庭院,其中 60 个庭院是封闭型的,122 个庭院是半封闭型的,36 个庭院是开放型的。191 栋建筑朝向道路,82 栋建筑不朝向道路。

　　大多数民宅的方形或长方形窗扇按照秩序排列,形式上节奏和韵律感强烈。在风格统一的村落中,多变的屋顶又让每家每户自有个性。不同的屋顶形式与内在居住空间相关联,让室内空间也变得富有趣味。

表 5-1　保加利亚乡土民居建筑调研统计

对象		数量汇总	1 Streicha	2 Krastevich	3 Hisarya	4 Yoakim Gruevo	5 Ognyanovo	6 Kurtovo	7 Shipka	8 Sokolovtsi	9 Smilyan	10 Momchilovtsi	11 Brestovitsa	12 Ravnogor	13 Byaga	14 Kochieve	15 Bachkovo
	(地区)									山区	山区	山区	山区	山区			山区
	统计的建筑数量	273	4	12	30	15	12	38	11	14	39	32	4	24	10	17	11
建筑	废弃	15	0	2	1	0	1	3	2	1	3	0	0	0	0	1	1
	维护不佳	31	0	3	1	2	0	12	3	5	0	0	0	3	0	2	0
	完整	227	4	7	28	13	11	23	6	8	36	32	4	21	10	14	10
屋顶 坡面	单坡顶	0	0	0	0	0	0	0	0	0	0	0	0	0	0	0	0
	双坡顶	49	0	2	4	3	2	7	1	4	5	4	1	9	1	3	1
	四坡顶	159	0	5	20	5	10	16	9	11	30	18	1	14	7	8	5
	其他多坡顶	14	2	0	0	4	0	1	0	1	0	0	0	3	3	0	0
	拼接顶	68	2	4	6	1	9	11	5	3	4	7	0	1	4	6	5
	重檐顶	11	0	1	0	1	2	2	1	1	3	0	0	0	0	0	0
屋顶 颜色	红/偏红	241	2	9	30	10	12	35	11	13	35	27	4	18	10	15	10
	黑/偏黑	30	0	3	0	5	0	3	0	1	4	5	0	6	0	2	1
	其他	2	0	0	1	0	0	0	0	1	0	0	0	0	0	0	0
材料	瓦	262	4	12	30	13	13	38	11	14	32	32	4	23	10	17	11
	木材	174	2	8	4	14	11	12	11	14	25	26	1	18	10	10	8
	石头	8	0	0	2	0	2	0	1	0	0	0	0	0	0	0	1
	其他	0	0	0	0	0	0	0	0	0	0	0	0	0	0	0	0
层数	1层	47	1	6	0	0	0	20	1	2	0	0	0	4	1	6	0
	2层	106	0	2	14	8	11	14	7	7	11	11	1	3	4	7	2
	3层	102	2	0	10	7	1	2	0	5	22	17	1	15	5	4	7
	4层	18	1	0	0	0	0	2	0	1	4	4	2	2	0	0	2
	5层及以上	0	0	0	0	0	0	0	0	0	0	0	0	0	0	0	0
材料包含	木材	84	1	4	4	14	1	5	2	8	16	16	1	11	0	8	6
	石材	138	3	4	24	7	0	12	6	10	18	21	3	4	9	10	7
	砖	218	3	9	23	15	12	30	10	9	30	27	4	17	10	15	4
	水泥、混凝土	216	3	7	26	13	5	34	9	6	27	32	4	24	5	11	11
	其他	3	0	0	0	0	0	3	0	0	0	0	0	0	0	0	0
窗户 数量	1~3	8	0	0	1	0	0	0	0	0	0	0	0	0	0	1	0
	4~6	60	1	6	4	6	3	19	2	2	1	0	0	1	0	13	2
	7~9	99	0	1	4	0	3	15	1	1	15	17	0	18	0	4	9
	≥10	106	2	3	12	9	4							6	9		5
底层	倾斜	90	1	0	2	1	0	0	7	17	17	17	3	17	3	0	5
	水平	183	3	12	28	14	12	38	4	1	19	15	1	7	6	17	6
楼梯	无楼梯	48	1	6	0	0	0	20	0	2	0	0	0	4	1	0	0
	室内楼梯	172	2	5	18	12	8	13	8	8	30	29	4	19	9	6	1
	室外楼梯	61	2	6	6	5	6	5	5	2	5	3	1	5	1	5	4
庭院	无庭院	55	1	2	7	2	1	2	9	9	6			3	2	1	
有庭院	封闭型	60	1	4	4	2	8	17	0	0	10	4	1	2	2	2	3
	半开放	122	1	5	11	7	2	16	1	1	21	17	0	17	6	12	4
	开放型	36	1	1	8	4	1	5	1	0	2	3	1	1			
开口	朝向道路	191	2	6	24	14	9	25	10	13	24	22	2	15	5	12	9
	不朝向道路	82	2	6	6	1	4	13	1	1	15	10	2	9	5	5	2

一、建筑体量

　　受政府管控和当地居住习惯的影响,保加利亚乡村民居建筑一般不超过三层,70%的建筑为两层或三层,非常少量的建筑会达到四层或五层。例如在瓦尔纳地区,巴尔加雷沃村的大部分建筑是一层的,少数建筑是两层,只有不到10%的建筑是三层的(见图5-2)。这与普洛夫迪夫地区的调研结果不同,在普洛夫迪夫,76%的建筑是两层或者三层的(见图5-3)。主要原因则是普洛夫迪夫位于内陆丘陵地带,地势起伏大,适合居住的平地相对较少,建筑密度大。而瓦尔纳则位于黑海海岸,地势相对平坦,每户的宅基地都很大,往往除了建筑还有比较大的庭院。此外临海风较大,也不适合建比较高的房子。

图 5 - 2 瓦尔纳地区的民宅一般以一两层为主,体量较小

图 5 - 3 普罗夫迪夫地区的民宅一般以三层为主,山区的民宅会更高,以获得更好的视野

二、建筑材料

保加利亚乡村建筑的一大特色是对于当地材料的运用。在材料方面,主要使用的类型有石材、木材、砌块等(见图 5 - 4)。石材主要来自当地开采的石料,他们将石材主要运用在基础砌筑、一层的维护墙体、围墙的砌筑以及庭院铺砖等,少数房子会利用石板作为屋顶代替瓦使用,据当地人称,石板作为屋顶相对于瓦不仅便宜而且保温性好。石材的使用包括不同大小形态的砌块、不同大小的铺装石板以及细碎的石砾。木材主要包括木板、木棍、藤条等。木板常常用于

建筑的门窗、墙体、栅栏、屋架等。但是很少见到纯木头建造的房子。砌块包括传统的泥土砖、红砖、青砖,以及后来普及的空心砌块。不同于普通的烧结砖,当地有晒泥土砖的传统工艺。在夏天日照较长的几天,将泥土塑成形,在太阳下晒干(具体有哪些工序项目组未了解清楚)。这种砌块不使用煤炭烧结,节约能源,同时砖老化之后可以形成正常的泥土,长远来说不会减少耕地,是非常环保的。缺点则是使用年限较短。大部分墙体是运用砌块砌筑的,为了节约成本和环保,新建建筑都采用环保的空心砌块。

图 5 - 4　保加利亚乡村民宅的墙体材料

　　当地建筑对材料使用的另一个特色是多种材料的混合使用,在许多老房子里往往同一堵墙会混合多种建筑材料(见图 5 - 5)。当地学者介绍这是从中世纪流传下来的习惯,从最初全部用石材,到石材混合砖砌,就是为了节约石材,延续到现在变成了保加利亚乡村民宅的一大特点。

　　保加利亚乡村建筑的底层建筑材质和其他层的建筑材质一般不同。往往底层主要以石材和砌块为主,二层则以木材为主。即使是新建的建筑也会在颜色或者涂料上将底层和其他层加以区分(见图 5 - 6)。同时二层会在底层的基础上向外扩张,形成小的悬挑,有时会用斜撑支撑。这些做法与当地传统的居住模式有关,即底层用于圈养家禽,而其他层用于居住。项目组在调研中发现了比较

图 5-5　多种建筑材料在同一建筑上混合使用

古老的居住建筑就是这种形式。

图 5-6　建筑底层墙体材料一般为石块

三、屋顶

每当居高临下俯视保加利亚乡村时,最吸人眼球的便是排列整齐的建筑屋顶。保加利亚乡村民居建筑的屋顶几乎全是坡屋顶,屋顶形式基本类似但在不同地区略有不同(见图 5-7)。在瓦尔纳的乡村建筑调研中,约 70% 为四坡顶;

21%为双坡顶,约 19%为拼接顶;9%为其他类型屋顶,如拼接顶、重檐顶等特殊形状屋顶。而在普洛夫迪夫的乡村建筑中,约 58%为四坡顶;18%为双坡顶,约20%为拼接顶;29%为其他类型屋顶。

图 5 - 7　保加利亚乡村屋顶形式多样

屋顶最常见的是红色瓦屋顶(见图 5 - 8)。少数屋顶是深色,比如黑色或者暗紫色。部分屋顶的材料使用了木板或者石板(见图 5 - 9)。

图 5 - 8　保加利亚村庄的民宅建筑屋顶形式统一,色彩以红色为主

图 5 - 9　保加利亚传统乡村建筑用石板铺设屋顶

　　根据屋顶坡面的数量可分为单坡顶、双坡顶、四坡顶。单坡顶主要见于民居建筑两侧的辅助性用房，即用于牲口饲养的棚或材料储藏的仓库。由于单坡顶造价低廉、建造简单，牲口棚和仓库相对层高、保温性能要求低，所以在此类建筑上多采用单坡顶。双坡顶也较为常见，且两个坡面的连接方式有多种变形，有的是过檐搭接，有的是对齐拼接。最常见的屋顶是四坡顶，即屋顶有四个坡面，两种坡向，中间最高处形成正脊，每相对的两个坡面的坡度相同，一组呈梯形，一组呈三角形。四坡顶能够有效地分散屋顶承受的压力，利于雨季排水和冬季排雪。对应的建筑面积也会更大。

　　与西欧和北欧国家的乡村民居建筑不同，保加利亚的民居建筑屋顶坡度较缓，一般低于 35 度。保加利亚冬季较为寒冷，民居建筑都有取暖设备，因此每家每户的屋顶上都会出现烟囱（见图 5 - 10），烟囱数量视建筑规模和房间功能而定，一般会设置 1～3 个烟囱。

图 5 - 10　屋顶烟囱

四、窗户

　　保加利亚乡村民居建筑多窗，窗户的形状规则为矩形。建筑的东、南、西三侧都常见窗户，建筑中间层多大窗，顶层或底层有多个小窗，用于通风和采光。

部分建筑屋顶上突出了老虎窗,且成对出现。其建筑开窗自由,使得建筑活力迸发(见图 5-11)。

图 5-11 保加利亚乡村建筑的开窗

五、楼梯

在调研中发现,有楼梯建筑中约 30% 的建筑拥有室外楼梯(见图 5-12)。结构简单的住宅青睐于将通向二楼的楼梯设置在室外。这种设计使得建造施工难度大大降低,同时可使内部空间被解放,最大化效率地解放室内空间,使得更多的空间被利用于家居的其他功能。这也形成了一层和二层单独设置入口的独特住宅形式。

图 5-12 乡村住宅的室外楼梯丰富多样

折板式是楼梯中最常见的形式。其中常见的有单跑楼梯、双跑楼梯、剪刀梯等。这些楼梯下的空间常见做法是做成封闭的储物间或者用于休息的阳光间。

另一种常见的楼梯形式是螺旋楼梯。螺旋楼梯常常是金属的,占用空间小,形式优美,扶手上雕刻有雕花,很方便主人从二楼直接到室外。

瓦尔纳地区民宅的室外楼梯更多,一是因为瓦尔纳地区的建筑体量小,二是外来度假游客多,这样更加便于居民将二楼租赁给游客。

六、露台

保加利亚乡村几乎每栋居住建筑都有阳台。它们分布在第二、第三层或屋顶上(见图5-13)。与中国乡村相比,保加利亚的乡村民宅阳台面积更大,可称为露台。形式也更多样,包括窗户外可以站人的小阳台、入口遮阳板上的平台、二层窗外的连廊、二层室外的露天平台,以及屋顶的平台等。

人们把盆栽植物放置在露台上,有时候甚至架起了葡萄架。此外,露台上还摆放了桌子和椅子,有时候还摆放了吊床。露台享有开阔的视野,通风良好,主要供休息和观赏,是家庭重要的娱乐空间。

图5-13 保加利亚乡村建筑上的各种露台

七、入口

多数建筑的入口都经过了精心设计,主要特色体现在两处,一是建筑本身的入口设计,二是通过植物、庭院设计来突出建筑入口(见图 5 - 14)。人们通过设置悬挑的遮阳板或者让建筑向内凹陷,可以限定出一个有顶的入口空间。入口的细节设计比较多样,有设计罗马柱式和门厅的,有的只是几个方柱围合成空间。入口会有两到三级台阶,除了作为建筑出入交通需求外,可用于各种社交活动,如闲聊、休息、一起摘菜等等。

大部分建筑入口设计与庭院设计相结合,庭院中的藤蔓或花架可用于遮阳。庭院中也会种树,可以形成对建筑的遮阳。人们走过花架和从入口到庭院的路径,然后走上楼梯,最后到达建筑物的入口。

图 5 - 14　保加利亚乡村建筑的入口空间

八、玻璃阳光房

在旅游者较多的村庄,建筑上的阳光房也会比较多。尤其是在瓦尔纳地区,阳光房是非常符合当地气候的设计,大面积的玻璃可以让建筑内充分接受阳光(见图 5-15)。

图 5-15 保加利亚乡村建筑上的玻璃阳光房

阳光房的功能主要用于休憩和冬季的保温。大部分阳光房位于一楼入口旁边,小部分位于二楼或三楼。有时一栋建筑会有两个阳光间。阳光房由玻璃围合,视线良好,周边景色一览无余。由于阳光充足,人们把花卉、绿植都放在阳光房内,形成了小小的温室。

第二节 乡村公共建筑特色分析

一、教堂

保加利亚居民多数信仰东正教。每个村庄都建有东正教堂,教堂是人们宗教生活与日常生活的中心,一般也是整个村的公共活动中心。

保加利亚乡村的东正教堂主要风格是拜占庭式。拜占庭教堂建筑其特点有:一是屋顶造型普遍使用"穹窿顶";二是整体造型中心突出,体量高大的圆穹顶往往成为整座建筑的构图中心;三是它创造了穹顶支撑在独立方柱上的结构和与之相对应的集中式建筑形制;四是在色彩的使用上,变化与统一结合,建筑内部空间与外部立面显得灿烂夺目(见图 5-16～图 5-18)。

图 5-16　希萨里亚镇教堂

图 5-17　普里塞尔西村教堂

保加利亚乡村的教堂建筑主要运用石材和木材。相对居住建筑来说,建筑更加厚重,建筑墙厚达到600mm左右。其砌筑工艺也更加精致,造价更高,维护更好,建筑装饰也更为精巧。教堂建筑中有许多象征宗教意义的装饰符号。这些装饰主要集中在外立面上,从建筑内部看,则主要是白色砂浆抹灰的简单装饰。比较独特的是建筑中窗户对于彩色玻璃的使用,有大面积的彩色窗,也有小的马赛克窗,这也是教堂建筑的传统。

图 5 - 18　德拉维兹村教堂

教堂的规模和使用情况与乡村的发展状况密切相关。乡村越活跃、经济状况越好,教堂的规模就越大,内部修缮就越华丽(见图 5 - 19)。人口相对较少、经济欠发达地区的教堂也一般比较简陋,包括可容纳约 50 人的中厅、仪式用祭坛、外置的钟塔。

图 5 - 19　教堂内部大多比外立面更加绚烂多彩(希萨里亚教堂内景)

二、公共活动中心

保加利亚传统村庄最早都以教堂为中心,新的公共活动中心则一般位于中心活动广场及周边,比较小的村庄这两个中心布置在一起。中心广场周边一般设有村史博物馆或文化宫,商店、小公园和一些健身设施,组成公共活动中心建筑群与中心广场,是村民的主要聚集地,也是节日活动主要的场所。

文化中心会依据当地的特色,设置相应的展厅,展示当地特色文化和传统(见图 5 - 20)。市政厅小而精简(见图 5 - 21),因为乡村外出交通不便,所以基本上村民大多数日常事务功能都可以在市政厅完成,方便村民办理事务,实现小范围内的自治。乡村商业服务建筑的形式比较多样,但大多也保留了传统建筑的材质、颜色与风格(见图 5 - 22)。

图 5 - 20 保加利亚每个村庄都有文化中心或博物馆

图 5 - 21 保加利亚乡村行政办公建筑一般比较朴素,体量较小

图 5 - 22　商业服务建筑形式多样，大多保留传统建筑的材质、颜色与风格

三、学校

在项目组调研的四个村庄中，每个村庄都有学校，主要是幼儿园和小学。这些学校主要接纳来自本村的学生学习，学校里不仅教课本知识，还会教舞蹈、音乐、手工等，不同村庄的传统不一样，学校拓展的课程也会不同。除此之外，由于学校环境优美，面积较大，常常有许多外地人在学校放假之后到学校野餐度假。学校也会每年举办夏令营，带领小朋友体验手工艺。村民也时常在学校举行活动，不同村庄的学校之间经常会举办文艺比赛，学校获得的荣誉也是全村人的骄傲。

在保加利亚的乡村，学校不仅是学生上课学习的地方，同时也是村民们活动交流、展示村文化特色的场所（见图 5 - 23），尤其是在节假日，会利用学校举办很多文化娱乐、节庆、展览活动（见图 5 - 24）。项目组采访了许多学生，他们都非常喜欢自己的学校（见图 5 - 25）。但随着乡村就业机会减少，很多父母会带着孩子去附近大城市工作生活，于是乡村学校面临着生源不足、难以维系的困境，调查发现了数个被废弃的学校用地（见图 5 - 26）。

图 5 - 23　德拉维兹村位于幼儿园内的村文化展览室

图 5 - 24　还在使用的乡村中小学，建筑与校园景观维护都比较好

图 5 - 25　暑假在学校操场上活动的孩子们

图 5 - 26 雷夫诺格村一处荒废的学校旧址

第三节 保加利亚乡村建筑评价

一、建筑布局适应地形地貌

保加利亚多山地和丘陵,为了节约平原资源、充分利用淡水等资源,建筑群落多建于山谷和丘陵地带。民居建筑沿着缓坡层层向上,充分利用地势变化建造民居,使得建筑与景观完美结合。建筑一般为二至三层,但由于山地土地资源有限,又要保证建筑通风、日照等要求,在地势起伏较大的村庄,建筑会建成四至五层。由于地形坡地大,一层多为储物用房,用于堆放杂物或饲养牲口,也可被用作厨房和卫生间,二层和三层才是起居空间。

与平地的建筑不同,位于坡地的建筑的入口和路面的高度不一。对于有院子的民居,院外地面往往高过院内地面约半层,通过院门需要下几级台阶才能到达房屋的入口,露出院外地面的半层通过开窗达到通风和采光的要求。对于没有院子的民居,房屋地面高于路面,需要通过台阶或者缓坡才能到达房屋的入口。

二、建筑选材有效利用当地资源

保加利亚的森林覆盖率约 30%，林业资源丰富。木材在当地民居用材中占有重要地位，被广泛用于屋顶、墙面、门窗和其他承重结构（如过梁、圈梁）、围护结构（如庭院护栏）以及装饰物件中，一些细枝被用于搭建简易的棚子。除了木材以外，山地和丘陵地形中，石材也十分常见，由于石材具有价廉、抗压、抗渗透等诸多优点，成为建筑中最常使用的材料之一。天然的大块石头常用于建筑基座，起到了稳固作用，给人以稳定踏实的感觉。很多薄片状的石头被用于建筑屋顶，起到防潮、隔热、抗压等作用。随着技术和经济的发展，人造石也被用于建筑的装饰中去，在很多新建的民居中，石片状的瓷砖贴在墙面，不仅十分美观，而且与周边环境和建筑本身相互辉映。

三、建筑形式适应当地气候条件

保加利亚以温带大陆性气候为主，夏季炎热湿润，冬季寒冷干燥，气温年较差和日较差都很大。为了抵御冬季寒冷的气候，民居的室内都有供暖系统，因此建筑外墙较厚，一般为 400mm。屋顶多有烟囱，少则一个，多则四五个，成为屋顶上有趣的风景。为了避免室内潮湿的热气滞留在屋顶下方，从而引起木质构件等发霉腐烂，在屋顶上开了"老虎窗"，"老虎窗"通常成对出现。为了尽可能多的采光和通风，民居建筑中多设窗。受保加利亚冬季寒冷的北风影响，北侧少窗或无窗，窗户主要设置在建筑东南西三面，中间层窗户大，顶层和底层窗户较小，这些保证了房间多面采光以及形成良好的通风条件。

四、建筑变化顺应技术发展和生活需求

经济条件的改善，要求提高房屋质量、美观程度和舒适度。传统的建筑主要使用黏土砖、黏土瓦、木材、石材等，现代的建筑运用了新材料，如用空心砖、水泥砖取代黏土砖，用琉璃瓦取代黏土瓦。在装饰材料中也引入了更新颖更安全的材料，如大理石、石灰等。屋顶的坡面发生了变化，出现了非对称式屋顶和多坡面屋顶，建筑两侧有排水管排出雨水和废水。

跟中国的乡村一样，不少保加利亚村民外出求学、工作后，会回乡村新建居所（见图 5-27）。他们看到了不同的建筑形式，取其精华，为当地乡村带来了新

思想新观念,导致乡村新建民居逐渐产生新的变化,包括颜色、材质、风格等等。

图 5-27　新住宅大多形态更加轻巧,颜色鲜亮,并将保加利亚传统建筑与西欧建筑风格相结合

五、小结

总体而言,保加利亚乡村的建筑尺度宜人,色彩和谐,形式材质多样,大多保留了保加利亚传统建筑风格,但又各有特色。因为保加利亚乡村住宅通常是由村民自主申请建设,未见有政府的大规模开发项目,因此调研的 20 个村庄中就没有两栋建筑的外观是一样的。在蓝天白云的映衬下,建筑也与乡村的山脉、河流、植物融合,营造出温馨闲适的中东欧乡村氛围,勾勒出蓝天白云、绿树红砖的乡村图画。

然而,保加利亚乡村"空心化"现象非常严重。村中年轻人进城求学或工作,很多建筑或者建筑的部分空间被闲置,有些因无人维护而逐步破损,最终被废弃。村民不愿在修缮房屋上花费更多财力和精力,甚至不愿意花费精力去拆除旧宅,造成很多土地资源被浪费,也影响了村庄景观和风貌。另外,由于社会经济低迷,不少民居尚未建完就成为烂尾楼,或者建完结构后只给底层装上门窗、做外墙粉刷,而留下顶层的砖混结构,增加了村庄的萧瑟感。民宅中的另一个问题是辅助性用房,大多建筑结构简易,用材低廉,无序堆放杂物,呈现脏乱差的状态,部分建筑面临倒塌的危险,这严重影响建筑的整体美观性和安全性。

第六章　保加利亚乡村发展振兴策略与规划设计途径

保加利亚乡村的两大明显优势是生态环境与文化资源。保加利亚地貌类型多样，植被种类丰富，河流众多。保加利亚乡村的特色农业与颇具原生态的自然景观相得益彰，如玫瑰庄园、薰衣草庄园、葡萄庄园、向日葵花地等，与保加利亚起伏壮阔的自然地形结合，倚靠天然的山林草地，形成了丰富多彩的保加利亚特色农业景观，同时也成为大地景观的重要组成部分。

保加利亚在长期战争中，城市居民避入乡村、山区，使得目前的乡村文化资源异常丰富。调研中有不少独具文化特色的村镇，拥有诸如色雷斯文化、宗教文化、葡萄酒文化、农业与农产品文化等颇具吸引力的特色文化以及众多的历史遗迹。

但拥有良好的生态环境与文化资源仍然逐渐衰败的乡村在保加利亚比比皆是，因为这些乡村对生态文化资源优势的综合利用不足，因此未能充分培育乡村自身的内生发展能力。目前多数乡村产业以一产为主，部分乡村的度假旅游业主要依赖大区域的特征性自然文化景观资源，如黑海、雪山、温泉等，而对乡村自身的生态条件和文化资源挖掘不够。另一方面，即便是度假型乡村，目前乡村整体风貌、人居环境质量和基础设施水平都比较低，降低了度假地的吸引力。基于此，本书提出了以下保加利亚乡村振兴策略，并以奥格尼亚诺沃村景观规划设计项目和"中国—中东欧国家农业合作示范园"服务区的更新设计项目为例，探讨以乡村振兴为目标的规划设计途径。

第一节　保加利亚乡村振兴策略

一、加强城乡统筹，城市反哺乡村

保加利亚乡村有生态环境与自然景观资源，而城市则在社会经济方面优势凸显。与乡村相比，城市基础设施建设较完善、教育基础设施较齐全、医疗卫生服务水平较高等，就业岗位也多，吸引了大量农村人口涌入，同时保加利亚城市建筑、历史遗迹与宗教场所等保护维护也比较好。在城市与农村如此大的差异背景下，乡村的发展一定要在城市统筹、一体化发展的大背景下进行，需要加强城乡基础设施建设、公共服务一体化管理，促进城乡基础设施互联互通、共建共享。以可持续农业发展政策引导城市的资金、技术、人才、管理等生产要素向农村流动。以保加利亚文化特色为基点，加快发展中小城市，有重点、有特色地发展小城镇，积极培育一批特色鲜明、产业发展、绿色生态、美丽宜居的特色小镇与村落。

二、构建可持续农业治理体系，实现乡村产业振兴

乡村振兴，首要使产业振兴，因此需要立足保加利亚乡村资源禀赋，深度挖掘农业多种功能。保加利亚政府要加快构建健康可持续的农业治理体系，以制度保障、扶持农产品加工业转型升级，建设布局合理、优质稳定的规模化、标准化的农产品加工原料生产基地，发展一批集高效设施农业、农产品加工服务业、农业科技示范、农业休闲观光于一体的各类现代农业示范园区和加工园区，强化区内基础设施和公共平台建设，引导企业向乡村集聚。实现保加利亚乡村的农民增收与社区健康。

三、推进第一、三产业联动，发展区域化乡村旅游

保加利亚乡村的生态环境资源、非物质遗产与历史文化资源尚有较大的挖掘利用空间，但许多乡村对于资源的利用呈现出杂、散、乱的特点，缺少统筹安排，而在将这些资源转化为产业资本、吸引外来投资的过程中，又缺少必要的政策引导与转化能力。在此条件下，逐步推进乡村旅游，进而实现产业振兴和文化

振兴是保加利亚乡村振兴的重要途径。另外,作为农业大国,农产品特色明显,如向日葵、玫瑰、葡萄等,民俗文化节众多,譬如 Priseltzi 村的 Pali Kosh 火把节、Bulgarevo 村的 Melon Festival(瓜果节)等。保加利亚乡村旅游可以把农业景观、自然景观与文化景观综合起来,形成农业—旅游业联动、一三产业融合,以特色农业成为保加利亚乡村旅游资源,以乡村旅游推广农业品牌。

保加利亚乡村规模都比较小,对于发展乡村旅游而言,吸引力、承载力都相对有限,因此保加利亚的乡村旅游必须在大区域层面上联动开发。将距离相对较近、旅游资源特色互补的村庄联合起来,由点串线,以线带面,形成乡村旅游片区与产业链,实现旅游服务设施、旅游资源共享,打造影响力更大的旅游推广宣传平台,扩大区域旅游吸引力、生命力与承载力。

四、改善人居环境,提升乡村风貌

保加利亚乡村的传统建筑风貌特色鲜明,但整体空间多数杂乱无序。需要结合各村庄传统文化与特色风貌进行整体性系统提升。保留原有地方建筑风格、文化遗迹、景观空间,提取富有特色文化价值的村庄符号,打造整体风貌视觉识别系统,强化村庄可识别性。

另外,国家与地区政府应该以政策与资金扶持引导乡村的产业发展、区域旅游联动、人居环境与风貌提升建设。政府可通过政策引导与统筹村庄发展事务,推广积极的乡村生活模式,吸引社会资本参与乡村振兴事业,形成产业资金链。通过发展各类产业获得新收入,用于村庄的日常维护与更新发展,同时亦可增进村民交流,改善村庄邻里关系。

第二节　推进保加利亚乡村旅游发展

一、保加利亚乡村旅游现状

本研究通过保加利亚乡村旅游网络平台①统计了全国 94 个主要旅游村庄及其旅游资源特征,整理如表 6 - 1。

---

①　旅游村庄根据多个保加利亚旅游网站整理,http://bulgariatravel.org/,http://www.visittobulgaria.com/,http://baat.hit.bg/index_en.htm,www.ruralbulgaria.com.

表 6 - 1 保加利亚乡村旅游特征统计表

序号	村/镇名	旅游特征	序号	村/镇名	旅游特征
1	Arbanassi	两个修道院、五个教堂、曾经国王的住所	48	Rusalka	黑海度假
2	Bozhentsi	建筑和历史保护区	49	Albena	黑海度假
3	布雷斯托瓦	保加利亚红葡萄酒的象征	50	Kranevo	黑海度假
4	Bugutevo	民族手工艺、滑雪	51	Golden Sands	黑海度假
5	Chiprovtzi	东正教宣传中心、地毯工艺	52	Sunny Day	黑海度假
6	Djulino	传统文化活动、修道院、黑海海岸、森林景观	53	Obzor	黑海度假
7	Dorkovo	闻名欧洲的国际民俗音乐节	54	Elenite	黑海度假
8	Gela	罗多比最高峰下的古村、传统的伊利诺顿音乐节、修道院	55	Dyuni	黑海度假
9	Karlovo	玫瑰谷一部分	56	Nesebar	黑海度假
10	Koprivshtitsa	博物馆小镇、悠久的建筑文化	57	Ravda	黑海度假
11	Kovachevitza	国家建筑和历史保留地、峡谷自然景观	58	Kiten	黑海度假
12	Leshten	典型保加利亚村庄,房屋可出租	59	Pomorie	黑海度假
13	Melnik	葡萄酒生产中心	60	Primorsko	黑海度假
14	Mugla	风笛节、边境村	61	Chernomorets	黑海度假
15	Oreshak	全国唯一的国家工艺品展览会	62	Sozopol	黑海度假
16	Harsovo	家酿葡萄酒	63	Lozenets	黑海度假
17	Vidin	中世纪唯一一座保存完好的城堡	64	Tsarevo	黑海度假

（续表）

序号	村/镇名	旅游特征	序号	村/镇名	旅游特征
18	Pavolche	家庭美食	65	Ahtopol	黑海度假
19	Shiroka Luka	建筑和民族志保护区	66	Sinemorets	黑海度假
20	Shumen	浅浮雕—马达拉骑士（联合国教科文组织保护）	67	Durankulak	黑海度假、女神 Kibea 的避难所
21	Veliki Preslav	克里斯蒂安首都	68	Shabla	黑海度假
22	Pliska	考古建筑综合体	69	Tulenovo	黑海度假
23	Trigrad	穆斯林和基督教的文化和传统在村庄中交织在一起	70	Kamen Briag	黑海度假、七月的清晨演出
24	Velkovci	靠近 Bojenci 村，伊塔拉博物馆，Drjanovo 修道院等	71	Balchik	黑海度假、罗马尼亚皇后玛丽亚皇宫的夏宫
25	Harmanli	保加利亚女人博物馆	72	Malyovitsa	滑雪度假村
26	Starosel	色雷斯部落墓葬	73	Panichishte	滑雪度假村
27	Lyaskovets	保加利亚第一家获得天然起泡葡萄酒认证的酒庄	74	Chepelare	滑雪度假村
28	Tabachka	以清新的空气而闻名	75	Kom-Berkovitsa	滑雪度假村
29	Troyan	一个治疗肺部疾病的气候山区度假胜地、传统工艺品博览会	76	Uzana	滑雪度假村
30	Tsareva Livada	气候对呼吸道和肺部疾病患者非常健康	77	Yundola	滑雪度假村
31	Zheravna	生态、宁静的乡村氛围	78	Predel	滑雪度假村
32	Bansko	欧洲发展最快的山地度假村	79	Hisarya	温泉度假村
33	Borovets	享有国际声誉的山地度假村，一流的滑雪道	80	Velingrad	温泉度假村

（续表）

序号	村/镇名	旅游特征	序号	村/镇名	旅游特征
34	Pamporovo	享有国际声誉的山地度假村	81	Banya	温泉度假村
35	Apriltzy	山地度假、自然风光好	82	Kyustendil	温泉度假村
36	Batak	湖滨风光	83	Narechen	温泉度假村
37	Enina	玫瑰谷中的生态村	84	Pavel Banya	温泉度假村
38	Kalofer	巴尔干山脉的最高峰 Botev 峰脚下	85	Kostenets	温泉度假村
39	Shipkovo	国家公园、芳香疗养、治疗性矿泉水	86	Varshets	温泉度假村
40	Ribaritza	国家自然保护区、修道院	87	Burgaski Mineralni Bani	温泉度假村
41	Provadia	休闲和钓鱼	88	Momin Prohod	温泉度假村
42	莫斯里安	木雕体验、自然保护区、狩猎	89	Slivenski Mineralni Bani	温泉度假村
43	Bistrilitza	水库风光	90	Starozagorski Mineralni Bani	温泉度假村
44	Kotel	编织艺术、历史和文化中心、温泉度假	91	Haskovski Mineralni Bani	温泉度假村
45	Govedartsi	徒步旅游、生态旅游、温泉度假	92	Sapareva Banya	温泉度假村
46	Dryanovo	百岁老人之城、古代村落遗迹、修道院、温泉度假	93	Teteven	温泉度假村
47	Devin	温泉度假村	94	Triavna	温泉度假村

　　将这些村庄根据资源特征分成文化资源型、生态旅游型、温泉度假型、滑雪度假型与黑海度假型 5 种乡村旅游类型,进而绘制了保加利亚乡村旅游资源空间分布图(见图 6-1)。从乡村旅游类型数量以及地区分布来看,保加利亚乡村旅游对诸如黑海、雪山、温泉类的区域自然资源依赖性较大,但缺少以保加利亚

特色农产品为旅游资源的乡村旅游点,因此对当地农业生产的带动力有限。

图 6-1　保加利亚乡村旅游资源空间分部

保加利亚乡村旅游发展的优势资源毋庸置疑,但要以乡村旅游推进乡村振兴必须认识到目前的旅游发展瓶颈所在。第一,保加利亚乡村经济疲软导致旅游基础设施建设薄弱。旅游接待能力不足,公共环境品质不佳,从业人员的旅游服务意识及能力都不够。第二,乡村旅游发展较为初级。保加利亚乡村旅游景点大多规模小而散,且各自为政,没有形成区域整体联动发展格局。另一方面由于目前乡村旅游对区域自然环境的依赖性高,导致同一区域的乡村旅游同质化程度高,彼此存在竞争关系。第三,保加利亚乡村旅游目前的市场主要面对消费能力较高的国际游客,客源市场并不稳定,没有针对保加利亚当地居民尤其是城市居民开发短期、短途、低消费的乡村旅游产品。第四,缺少乡村旅游品牌建设。对外宣传力度不够,缺乏明确的村庄旅游形象塑造。

二、乡村旅游联动发展策略

研究对 94 个乡村旅游点进行空间分布核密度分析,发现保加利亚乡村旅游目前存在 5 个集聚区(见图 6 - 2),1 个位于巴尔干山脉,2 个位于罗多彼山脉,2 个位于黑海沿岸。本次调研的 20 个村庄就包含这三个地区类型,能够比较好地反映目前保加利亚乡村旅游的发展特征。

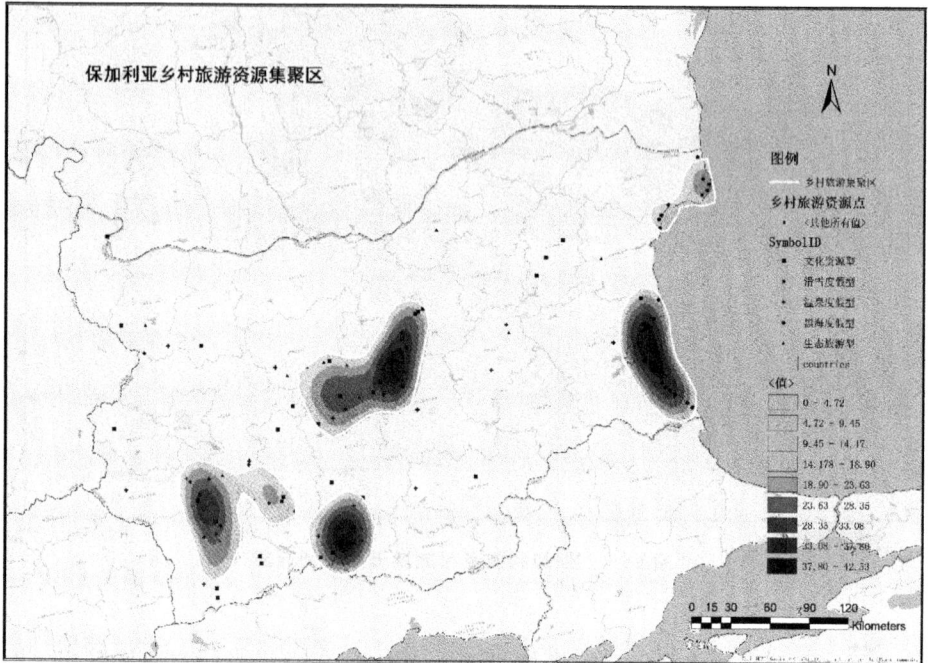

图 6 - 2　保加利亚乡村旅游资源集聚区分析

对 5 个集聚区的乡村旅游类型及空间分布进行分析,发现巴尔干山脉与罗多彼山脉的乡村旅游集聚区发展比较综合。以东罗多彼山脉集聚区为例,包括了除黑海度假以外的 4 种乡村旅游类型:生态旅游型、温泉度假型、滑雪度假型与文化资源型。而黑海沿岸的两个集聚区就只有黑海度假型村庄。从调研现状来看,类型多样的旅游乡村的活力要高于黑海沿岸的度假乡村,更加注重对公共空间、公共形象、公共设施的建设与维护,而黑海度假乡村则只有些度假别墅建设。

因此,建议保加利亚的乡村旅游要根据乡村现有资源条件,发展以下四种乡村旅游形式。

一是休闲农业旅游。保加利亚乡村多数的特色农业都具有较高的游赏价值,如向日葵、玫瑰、葡萄等,可以发展观光休闲农业,加速农业现代化进程,推动科技、人文等元素融入农业,发展田园艺术景观、农业大地景观等创意农业,开展农耕、采摘、饲养等农事活动,促进农业综合开发利用,结合农产品生产,加大对特色农业副产品的宣传,如葡萄酒、精油等,提高农业旅游附加值。

二是乡村文化旅游。对具有文化特色的乡村,可培育以文化遗址、文化博物馆、文化遗产保护利用设施和实践活动为支撑的体验旅游和传统村落休闲旅游。扶持旅游与文化创意产品开发、数字文化产业相融合。发展地方文化演艺、民俗节庆旅游,推动旅游实景演出发展,打造传统节庆旅游品牌,推动民族文化旅游重点区域建设,打造一批具有保加利亚民族文化特色的旅游村镇。

三是生态度假旅游。依托自然生态优势,发展绿色健康生态旅游产业。这种乡村旅游在保加利亚非常普遍,包括滨海度假、森林度假、温泉度假、滑雪度假等等,未来发展需要进一步投入旅游基础设施建设,完善旅游信息宣传平台、标识系统,使现有的度假旅游更加区域化、体系化、精细化。

四是宗教文化旅游。宗教昌于乱世,保加利亚千年来一直遭受战争磨砺,人们在苦难中需要信仰寄托,统治阶层也会加以引导,保加利亚东正教与伊斯兰教、天主教对保加利亚的历史文化、民众的社会生活影响力深远。信徒们在战火中避往乡村地区,尤其是避世隐修东正教信徒,因此在保加利亚乡村,特别是山区乡村出现了大量宗教建筑与文化遗址,甚至会有不同教的几座教堂、修道院出现在同一个小村庄。发展宗教文化旅游,是让这些宗教建筑与宗教遗址不仅是宗教朝觐点,还是宗教文化、保加利亚历史文化宣传的博物馆,是保加利亚其他乡村旅游的重要补充。

除了强化各种类型的旅游村庄自身吸引力外,保加利亚乡村旅游发展的一个重要策略是发展区域乡村旅游,即面对保加利亚乡村规模小、乡村旅游短季性的弱势,将区域内多个类型或资源特色有差异、彼此距离较近的乡村旅游点组织在一起,联动发展区域化乡村旅游(见图6-3)。从前期旅游项目策划、宣传推广、旅游产品设计、市场组织、旅游服务基础设施建设等都从区域层面整体考虑,优势互补,协作发展,避免无序竞争。区域化乡村旅游还可以节约产业成本、提高区域品牌价值、增强市场竞争力,进而提高整个区域乡村旅游的吸引力、承载力与生命力。

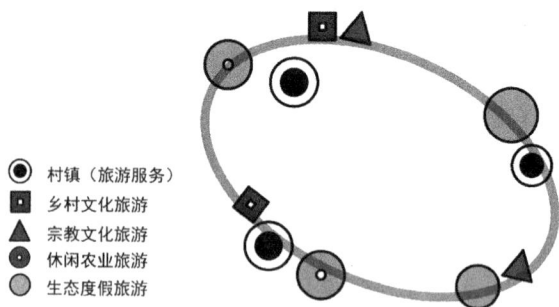

图 6 - 3　乡村旅游区域化联动发展模式

第三节　保加利亚乡村人居环境规划设计途径
——以奥格尼亚诺沃村景观规划设计为例

本章以奥格尼亚诺沃村的景观规划设计为例,探讨提升乡村人居环境、提高保加利亚乡村吸引力、促进乡村振兴的规划设计途径。

奥格尼亚诺沃村位于帕扎尔吉克大区内,距离中心城帕扎尔吉克市 13km,村落地势平坦,村镇规模 $1.71km^2$,常住人口约 2 400 人(见图 6 - 4～图 6 - 6)。具体村庄现状特征详见本书第二章第二节中对调研村庄的介绍。

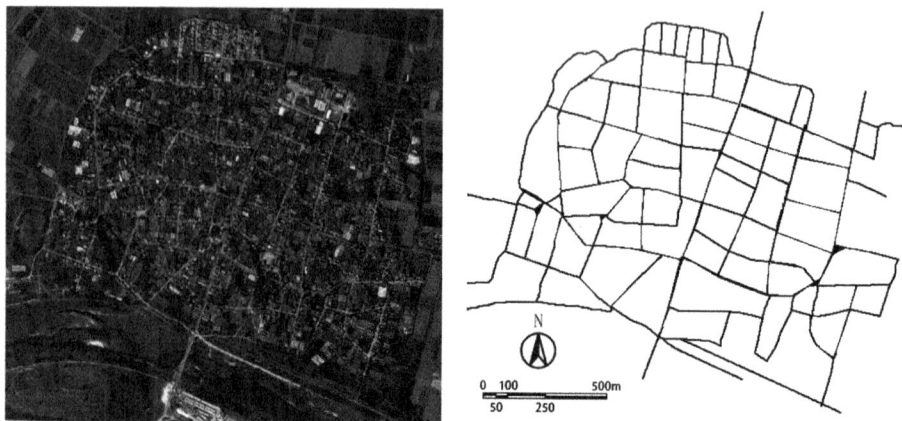

图 6 - 4　奥格尼亚诺沃村现状卫星影像与道路网

图 6-5　奥格尼亚诺沃村现状航拍照片

图 6-6　奥格尼亚诺沃村现状照片

一、乡村空间总体规划布局

奥格尼亚诺沃村发展定位为农业产业特色村,无特色文化资源。因此规划以综合产业经济发展、人居环境提升、特色农业文化营造为目标,进行村庄空间布局(见图 6-7)。

平面布局上,首先确定村庄与周边河流和农田的空间关系。村庄规模较大,人口密度低,约 15 人/hm² ,在保加利亚乡村处于平均水平。基于人口适度集聚和用地适度集聚的原则,对村庄空间与河流生态空间、农田生产用地进行边界控制。其次整理现状零散的设施农业用地,规划两片产业发展空间,并为今后发展预留一定场地。

对现有公共空间进行改造,利用村庄内空闲用地建设新的公共绿地,并规划生态绿廊,连接村庄公共空间、自然林地与滨河生态空间。将村庄东侧的自然地规划为苗圃,提高土地价值,也可为村庄内景观更新提供植物。严格控制滨河生态空间,在兼顾景观提升与生态保护的前提下,设计滨河生态步道,为村民提供亲水活动机会。

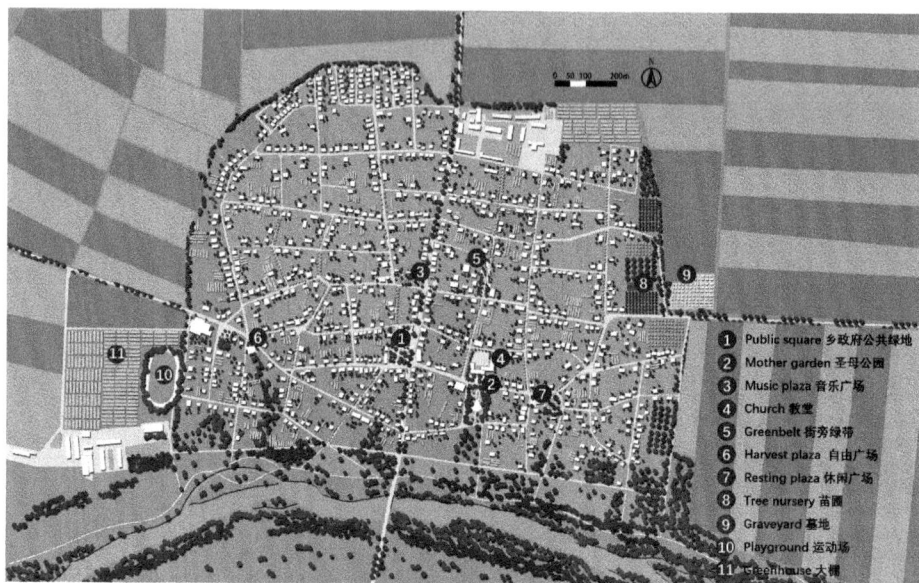

图6-7　奥格尼亚诺沃村庄规划总平面图

二、道路交通规划

村庄现有两条十字形对外交通性道路和数条内部交通道路,整个村庄道路构成方格网状(见图6-4),比较合理,道路宽度也能满足要求。因此奥格尼亚诺沃村的道路规划的主要目标是以道路绿化种植提升道路景观。道路骨干树种选择椴树、槐树、樱桃、李、核桃等乡土经济树种。

规划主干道宽度在6~8m,同时承担村庄对外交通与连接几大功能区的交通作用;规划次要道路宽度在5~6m,解决片区内的道路交通需求;宅间路宽度保证4m以上以便通车。奥格尼亚诺沃村的现状道路宽度基本满足规划要求,仅将村内主要道路上的3个路段进行适当拓宽(见图6-8)。保留现有的弹石路和块石路的路面材料,对村内砂石路和部分破损的水泥路进行路面材料更新,主要道路以沥青路面为主,次要道路为沥青路面或水泥路面。

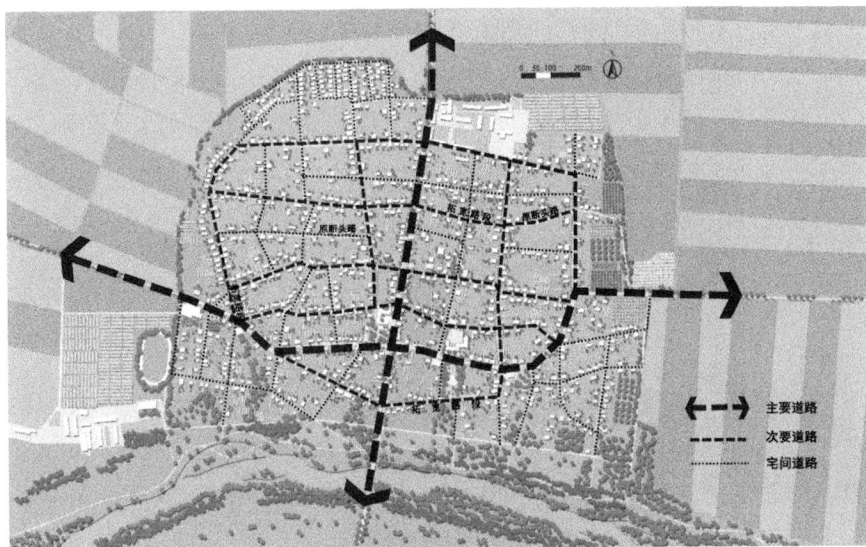

图 6-8　奥格尼亚诺沃村道路体系规划

三、景观优化规划设计

（一）景观结构规划

充分利用周边的林带、河流等景观资源,通过公共绿地、小游园、街旁绿地打造村庄特色景观带,形成"两带一中心"的景观系统(见图 6-9)。滨河景观带,利用公共绿地的景观节点和道路绿化景观将滨河景观渗透进村庄内部;乡村生活景观带,以街旁绿地、中心绿地、圣母公园、教堂和向日葵广场连接而成的体现村庄生活的景观带。"一中心"是以 3 个景观中心节点:音乐广场、中心绿地和圣母公园形成的村庄景观中心,塑造特色景观提升村居整体环境。

（二）节点设计——音乐广场

音乐广场位于奥格尼亚诺沃村的中心,南北主干道的西侧,是中心景观区的节点之一。场地原址为闲置荒地。

广场的设计主题取自奥格尼亚诺沃村的特色产业与特色文化——葡萄酒与葡萄酒文化,通过模拟葡萄串的形态,将圆和圆弧作为空间形态要素在场地上进行有机组合。场地东侧设计为音乐剧场,为乡村乐队搭建一个展示的舞台,丰富聚落内的文化活动。西侧布置有圆形活动场地、草坪、座椅和树阵,提供村民互

图 6 - 9　景观系统设计

动交流的场所。铺装以经济性原则采用预制混凝土砖和弹石。种植以观赏花卉为主,可选择保加利亚种植面积最大的向日葵,以及木槿、金钟、月季等,并对场地内两株大乔木进行原位保护。

图 6 - 10　奥格尼亚诺沃村音乐广场设计平面示意

四、建筑风貌提升设计

(一) 建筑风格界定

奥格尼亚诺沃目前建筑形态比较普通。村庄历史悠久,建于 500 年前,经历过奥斯曼帝国的统治,在民族战争胜利后(1878年)进行了重建,但文化资源少有存留,也没有历史建筑被保护下来。因此建筑风貌设计以借鉴传统保加利亚住宅、统一街区建筑风格为风貌整治方向。

对建筑风貌进行建设引导,制定以下原则:

(1)新建建筑统一沿街布局,两边临街庭院,将建筑布置在街角位置,以创造良好的街道界面。

(2)采用传统保加利亚建筑风格,二层以上建筑出挑,并以木制构件加以支撑或者装饰。

(3)红色系坡屋顶,屋顶出檐略宽,屋顶底面以木色装饰。

(4)统一樱桃木原色的木制阳台栏杆、木制窗套、木制墙面装饰构件。

(5)二层开窗面积较大,窗户大小形式统一,窗饰精致。

(6)以竖向绿植与盆装绿植装饰外墙面。

每栋建筑风格基本一致,但可以形式上体现独特性,以产生丰富的街道视觉效果。墙面采用暖色系,以白色、米白色与米黄色为主,点缀以砖红色。主色调为浅色墙面的建筑底层可以采用黄色系花岗岩墙面。墙面整体干净整洁(见图6-11)。

图6-11 建筑形式意向(保加利亚旧都,大特尔诺沃)

(资料来源:http://www.altours-bg.com/veliko-turnovo/)

（二）改造色彩选取

设计采用欧洲广泛使用的 RAL 颜色系统，对奥格尼亚诺沃村的建筑外立面颜色进行引导（见表 6-2）。

表 6-2　建筑风貌色卡编号一览

采用欧洲广泛使用的 RAL 颜色系统			
材料名称	实施部位	色彩	色卡编号
混凝土瓦片	屋顶	红色系	RAL 450-6/RAL 410-4
外墙涂料	主体墙面、烟囱	白色	RAL 110-1
外墙涂料	主体墙面、烟囱	米白色	RAL 130-4
外墙涂料	主体墙面、烟囱	米黄色	RAL 310-2
外墙涂料	主体墙面、烟囱	砖红色	RAL 380-5
花岗岩石材	主体墙面墙裙	黄色花岗岩	RAL 320-1/RAL 210-2
木材	窗套、墙面构件	樱桃木原色	RAL 350-4

（三）建筑细部设计

1. 屋顶

保留原有奥格尼亚诺沃村建筑的坡屋顶形式，对屋顶的瓦片统一更新，采用红色调的混凝土瓦片，檐口以深色木板为底，延续传统保加利亚乡村风貌，并使建筑群屋顶轮廓线错落有致（见图 6-12）。同时对烟囱进行统一改造，烟囱壁采用与建筑统一的外墙涂料，烟囱檐口采用与建筑屋顶相同的瓦片盖顶处理。

图 6-12　统一的红色系建筑屋顶意向（保加利亚旧都，大特尔诺沃）

（资料来源：http://www.altours-bg.com/veliko-turnovo/）

2. 外墙面

采用传统保加利亚建筑的外墙形式：二层出挑，木构件装饰外墙。外墙颜色以暖色调为主,以白色、米白色、米黄色等浅色为主,橘黄色与橙红色等点缀其中(见图 6-13)。

图 6-13　建筑二层出挑,木制构建装饰,色调以浅暖色为主,点缀橙色系

3. 窗户

窗套、外窗扇以及窗框都采用与外墙构件一样的樱桃木原色,保证建筑外立面风格统一。窗户上绘制保加利亚传统纹饰。窗下添加花盆与玫瑰、蔷薇、月季做装饰(见图 6-14)。

图 6-14　窗户风格统一,木制窗套与木窗扇,保加利亚传统花纹装饰

4. 底层石材墙面

沿袭保加利亚建筑材料应用传统,建筑一层外墙面采用暖黄色石材,或石材贴面。部分建筑以石材为墙裙,丰富街道界面。

5. 外墙绿植

外墙以垂直绿化和盆栽草花植物加以装饰,不仅可以统一建筑风格,还可以让村庄风貌更加有活力(见图 6-15)。

图 6 - 15　建筑外立面的绿植装饰

（资料来源：http://www.altours-bg.com/veliko-turnovo/）

五、生态景观提升策略

保加利亚乡村的生态景观调研按 4 类样地进行：庭院、滨水、林下与路旁，因此对奥格尼亚诺沃村的生态景观提升也选取了这 4 种类型分别探讨其优化策略。

（一）庭院景观优化策略

庭院景观的优化要兼顾生态、景观与生活功能，庭院景观首先要满足居民正常生活，保加利亚乡村庭院同时还要满足生产功能。因此庭院景观的提升需要首先划分庭院功能区。

保加利亚乡村庭院内的树种选择要与经济生产结合，可选择当地果树，如苹果、欧李、樱桃、柿子和核桃等；树种选择要适地适树，骨干树种及群落树种选择参考第四章聚类分析中的保加利亚乡村优势群落；树种选择还要兼顾不同季节的景观效果，与庭院生活、休憩活动相结合。

本书第三章的乡村空间格局研究中，将保加利亚乡村庭院分为三种模式：生产型、生活性与观赏型庭院。奥格尼亚诺沃村的庭院没有发现观赏型庭院，因此后文就生产型与生活型两大模式探讨其景观优化策略。

1. 生产型庭院景观提升策略

该类庭院空间在奥格尼亚诺沃村占比较多，尤其是生产型模式三（见第三章第四节庭院空间形态分析，下同），庭院空间呈现为"回"字，建筑位于中间，建筑一侧与入口相接，主要为硬质场地，另一侧则为大面积的生产用地（见图 6 - 16）。庭院内主要种植蔬菜，部分种植果树，大多会有葡萄廊架，其他景观要素较少。

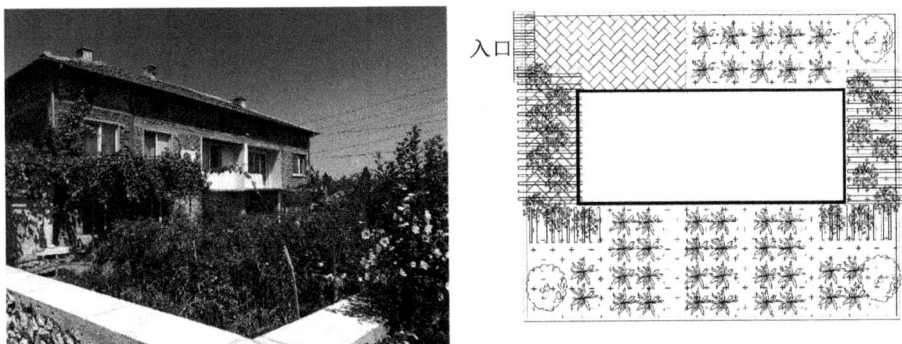

图 6-16　生产型庭院景观现状及对应庭院空间布局模式

　　该类型庭院在保留主要的生产功能之外,需要适量增加休憩交流区的植物生境,提高庭院内休憩活动的舒适性;根据户主意愿,可建议将距离建筑及入口较近的生产用地改造成观赏种植区,布置景石和观赏花卉;在经济种植区种植果树替代少部分蔬菜,丰富生产区的景观,提高庭院生态性;若庭院围墙是开放型或半开放型,还可以在庭院沿街围墙处种植花灌木,使庭院景观向街道渗透(见图 6-17)。

　　建议植物配置模式为:七叶树-侧柏+樱桃+苹果+欧李-鸡爪槭+葡萄+木槿+月季+蔷薇+覆盆子-百日菊+孔雀草+金盏菊+万年青+辣椒+番茄+黄瓜。

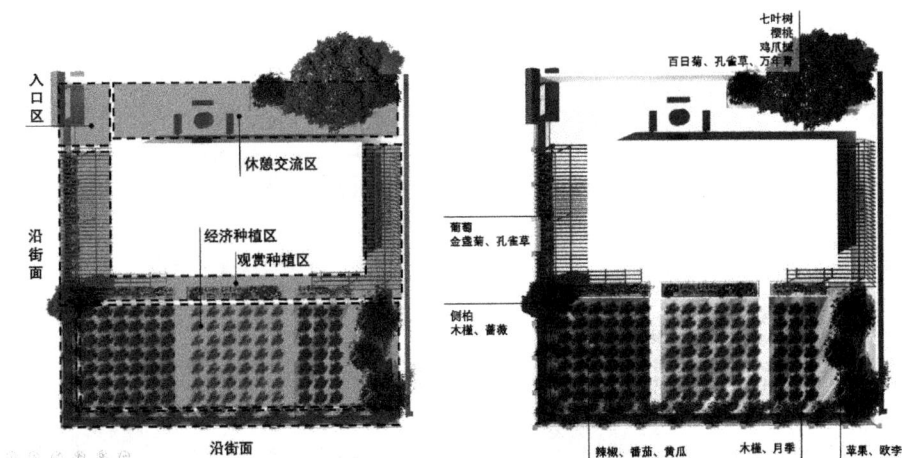

图 6-17　生产型庭院景观提升示意图

2. 生活型庭院景观提升策略

生活型庭院中,建筑周边的硬质场地占比较大。庭院景观绿化往往沿院墙周边布置,生产用地也较少。以生活型庭院模式三为例,绿化形态主要呈带状,小且破碎。庭院内主要种植果树和一些观赏花卉,部分庭院种植有少量蔬菜(见图 6-18)。

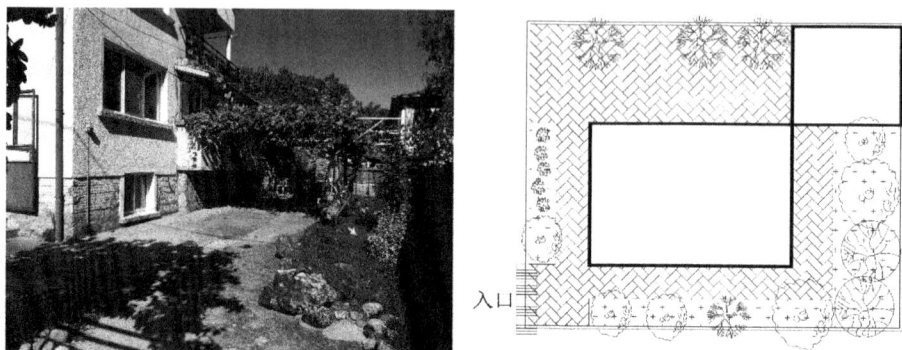

图 6-18　生产型庭院景观现状及对应庭院空间布局模式

保留庭院中生活功能的主体地位,强化休憩交流场地的景观性与舒适性(见图 6-19)。建议种植大乔木形成庭阴;适量扩大庭院绿化面积,在场地有限的情况下,可以增加竖向绿化以兼顾庭院的生态、景观性,尤其是葡萄廊架、紫藤花架等,能同时让活动空间更加温馨;优化庭院入口处的观赏性,增加入口的景观仪式感。

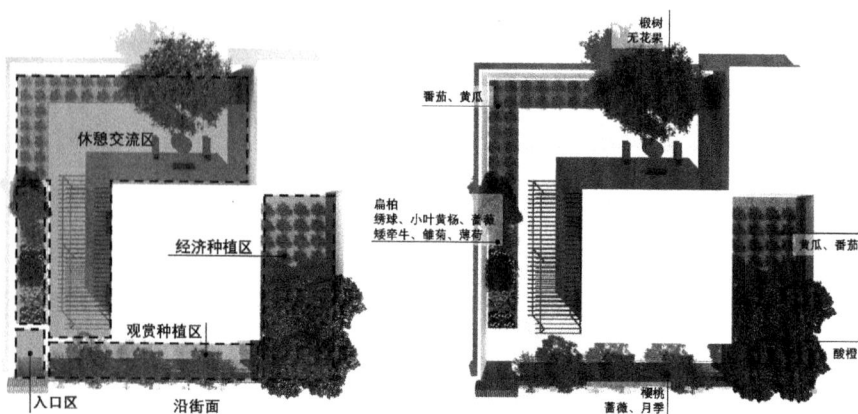

图 6-19　生活型庭院景观提升示意图

　　建议的植物配置模式为：椴树－扁柏＋樱桃＋酸橙－无花果＋葡萄＋绣
球＋月季＋蔷薇＋小叶黄杨－矮牵牛＋雏菊＋薄荷＋黄瓜＋番茄。

（二）滨水景观优化策略

　　奥格尼亚诺沃村庄内部没有河流，唯一的河流自西向东从村庄南侧经过，人
为干扰较少。河岸北靠村庄一侧的植物群落以草本植物为主，其中生长着较多
有毒植物：麻叶荨麻。远离村庄一侧为防风林地。驳岸为自然驳岸，夏季水位上
升，形成浅滩，村内孩童喜欢在浅滩上戏水，但河中心水较深，有一定的危险（见
图 6－20）。

图 6－20　水边生境现状

　　水边生境景观提升的总体策略以保护维持为主，在不影响生态的前提下增
加一定少量的亲水性景观。可在水岸绿带中引入景观水渠，既丰富滨水景观，也
创造更安全的亲水空间；铺设简易的园路和架设木栈道、木平台增加观赏趣味；
可选择当地的刺槐、垂柳、杨树等树种适量增加滨水景观的乔木，也可起到水岸
固土的作用。同时清除园路两侧的有毒植物。

（三）林地景观提升策略

　　奥格尼亚诺沃村庄周边的林地较多，村内林地很少，因此对现状林地首要策
略是对植被予以保护，在充分考虑植物群落的水平结构和垂直结构的情况下，从
提升生境的物种多样性和季相景观变化角度，对植物群落做适当调整。

　　奥格尼亚诺沃村内林地的树种中，乔木包括：椴树、垂柳、侧柏、核桃、糖槭
（树苗）、梣叶槭、七叶树，白蜡树、楸树、刺槐，地被包括野生花卉和杂草，几块林

地都没有中间灌木层(见图 6 - 21)。

图 6 - 21　奥格尼亚诺沃村内林地现状

(1)原则上不改变林地内的现有大乔木,建议在外界面增加景观类、开花类乔木,如樱桃等。

(2)建议在垂直层面上增加灌木,如金钟花、山茶和木槿等,并丰富灌木的季相变换。尤其在沿路一侧,可以通过灌木丰富植物景观形态。

(3)通过新增植被与游憩设施来丰富林内空间类型,增加林地内部分空间的郁闭度,同时配合林内空间类型,设置小型步道和小型活动场地。

(4)建议植物配置模式为,组团类林地:桦叶槭+七叶树+椴树+垂柳—侧柏+核桃—山茶+木槿+金钟+月季+蔷薇;沿路类林地:白蜡树+刺槐+花楸+七叶树+糖槭—麻栎+樱桃—花境植物。

(四)道路生境优化设计

对外道路上的路边生境以行道树下的种植槽为主,生境面积较小。对内主要道路和宅间路两侧的生境以生长着野生花卉和杂草的带状生境为主,多数缺少乔木和灌木。总体上路边生境植物群落结构简单,物种丰富度较低,景观效果较差(见图 6 - 22)。

图 6 - 22　奥格尼亚诺沃村路边生境现状

　　路边生境根据道路等级进行不同的设计。对外道路上种植大乔木,扩大种植槽生境面积,丰富群落结构和植物景观;对内主要道路上种植小乔木和花灌木,增加道路绿化覆盖率。利用生境进行车行道和人行道的空间划分,不同道路上种植不同的骨干树,增加街道景观的整体效果和多样性;宅间路两侧适当种植小乔木,或依据个人喜好在生境中种植灌木和花卉。

　　设计原则上以丰富群落垂直结构和植物景观为主。骨干树种选择上用有经济收益的樱桃、核桃、苹果等乡土树种。

1. 对外道路

　　对外道路两侧的种植槽扩大成了 $2m \times 4m$ 的宽度,并在原有的大乔木林下种植整形的扁柏和花灌木等。

　　植物配置模式为椴树＋刺槐－扁柏－蔷薇＋月季＋小叶黄杨。

2. 对内主要道路

　　对内主要道路生境中种植樱桃、核桃、苹果等经济树种,并利用花灌木营造植物景观。

　　植物配置模式为:核桃＋樱花＋苹果－木槿＋月季＋蔷薇＋金钟＋绣线菊－花卉或野生草花。

3. 宅间路

　　宅间路两侧生境紧贴院墙,在入户处两侧营造较特殊的植物景观,并丰富群落的水平结构和垂直结构。

　　植物配置模式为:苹果＋樱桃＋李－木槿＋覆盆子＋月季＋金钟＋小叶黄杨。

第四节　保加利亚乡村旅游规划设计途径
——以"中国—中东欧国家农业合作示范区"服务区景观更新为例

　　中国与保加利亚都是以农业为文明起源的国家,与保加利亚进行了农产品贸易的合作与交流,是振兴国计民生的举措,并能为中保文化的交流融合打下坚实的基础,并提供有效的载体。

为探索建立中国—中东欧"17＋1"国家合作示范推广模式,共同提升农业生产水平,推动产业发展,中国农业农村部与保加利亚农业部于 2019 年共同筹建位于保加利亚的首个中国—中东欧国家农业合作示范区(天津农垦集团保加利亚农业示范园)。

研究通过对"中国—中东欧国家农业合作示范园"的服务区进行以乡村旅游与景观提升为导向的规划设计,探讨以乡村旅游推动乡村振兴的景观规划设计途径。

一、区位概况

(一)区位分析

中国—中东欧国家农业合作示范区位于保加利亚普罗夫迪夫大区(见图 6－23),帕尔沃迈市(Parvomay)五一镇东南部达博伊兹沃尔村(Dalbok Izvor)西 1.5km处,占地 5.1ha² (见图 6－24)。

图 6－23　基地在保加利亚所处位置

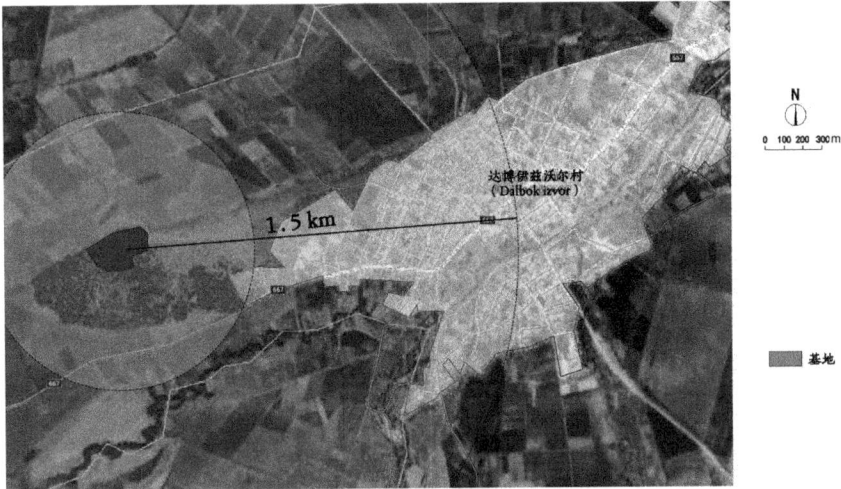

图 6-24　基地与周边城镇关系

（二）基地周边用地与交通条件

基地周围多为农业用地，南侧有一片面积约 31.5ha^2 的树林。距离基地最近的机场是普罗夫迪夫国际机场，从基地向西仅约 21km，但在基地周边无公共交通。基地向南约 500m 是穿越达博伊兹沃尔村的主要公路 667 号公路。由于被森林和农田包围，且无公共交通，基地可达性不高，交通略有不便（见图 6-25）。

图 6-25　基地周边用地分析

（三）基地产业

基地周边主要种植小麦、向日葵、玉米等农作物。同时农垦集团将中国的35个水稻品种实验种植在基地周边225亩水田中，通过引入新技术、新机械设备、新品种，推动保加利亚水稻、蔬菜、花果的研发、推广和产业化种植，并在传统一产的基础上带动经济贸易、物流运输、网络平台的二三产业发展。

二、基地内场地现状

（一）现状场地与功能

园区内用地目前包括仓储加工区（加工车间、维修车间、化肥储藏、谷仓）、办公区（办公楼）、机械停放区和试验田区等（见图6-26）。

图6-26 基地现状航拍照片

　　基地内部仅有一条水泥道路通向办公区域,其余场地除入口停车场、试验田、部分草地外,基本为砂石铺面的硬地广场,以方便生产性车辆的通行和停放(见图 6-27)。

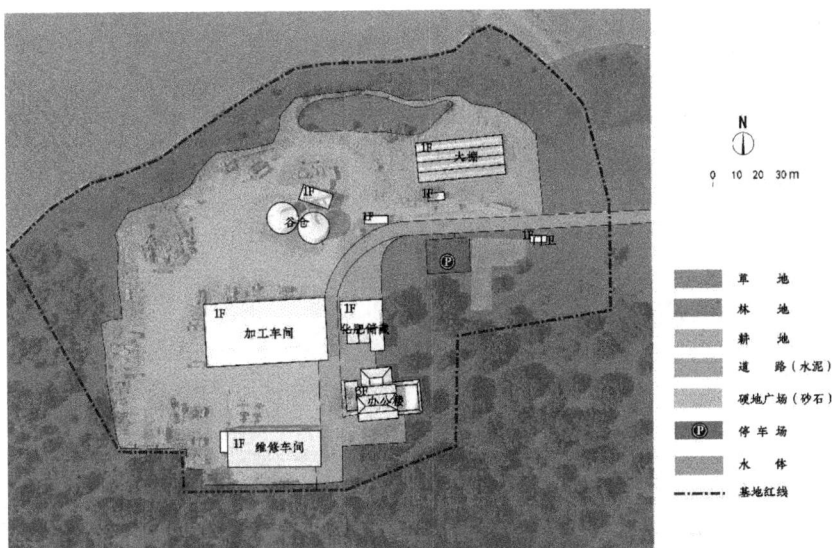

图 6-27　用地现状分析

　　由于大型运输车辆行驶路线与原本服务于办公汽车路线有部分重叠,基地内灰尘较多。基地道路多为车辆通行,无人行道设置。

　　(二)现状植被

　　基地南部林地乔木主要为栎树;北部耕地种植经济作物向日葵。园区内部主要乔木也多为栎树,兼有少量樟树,主要种植在办公楼东部和停车区域西部,池塘边及大棚南部种有少量柳树(见图 6-28)。园区内基本没有园林景观,仅办公楼西部沿建筑种有几株红叶石楠。草地种植狗牙根,在砂石铺地上长有较多杂草。整体园区生态较为单一,景观效果不佳(见图 6-29)。

　　(三)地形与水文条件

　　基地位于山坡中段,海拔 214～216m,场地较为平坦。地形自东北向西南向抬高,入口车辆称重处设置有一定高差。基地北部水体水岸以自然缓坡为主,水深约 3m,无护岸(见图 6-30)。

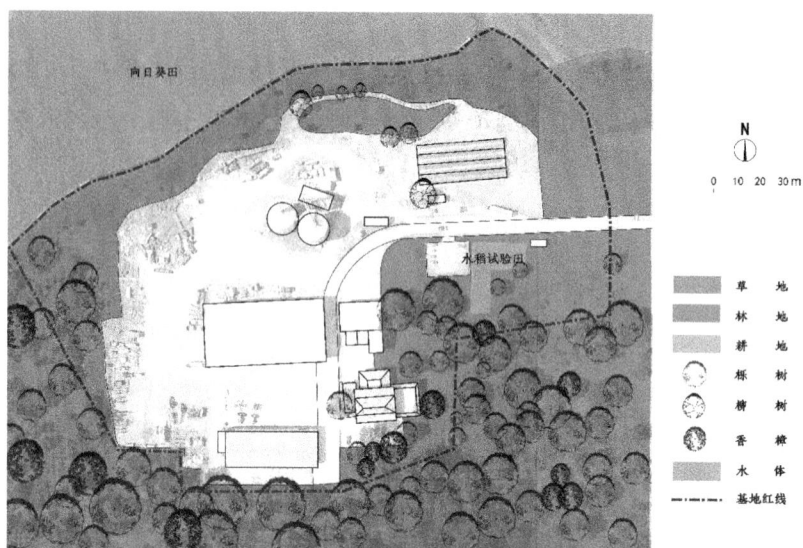

图 6 - 28　场地植被空间分析

图 6 - 29　场地植被现状照片

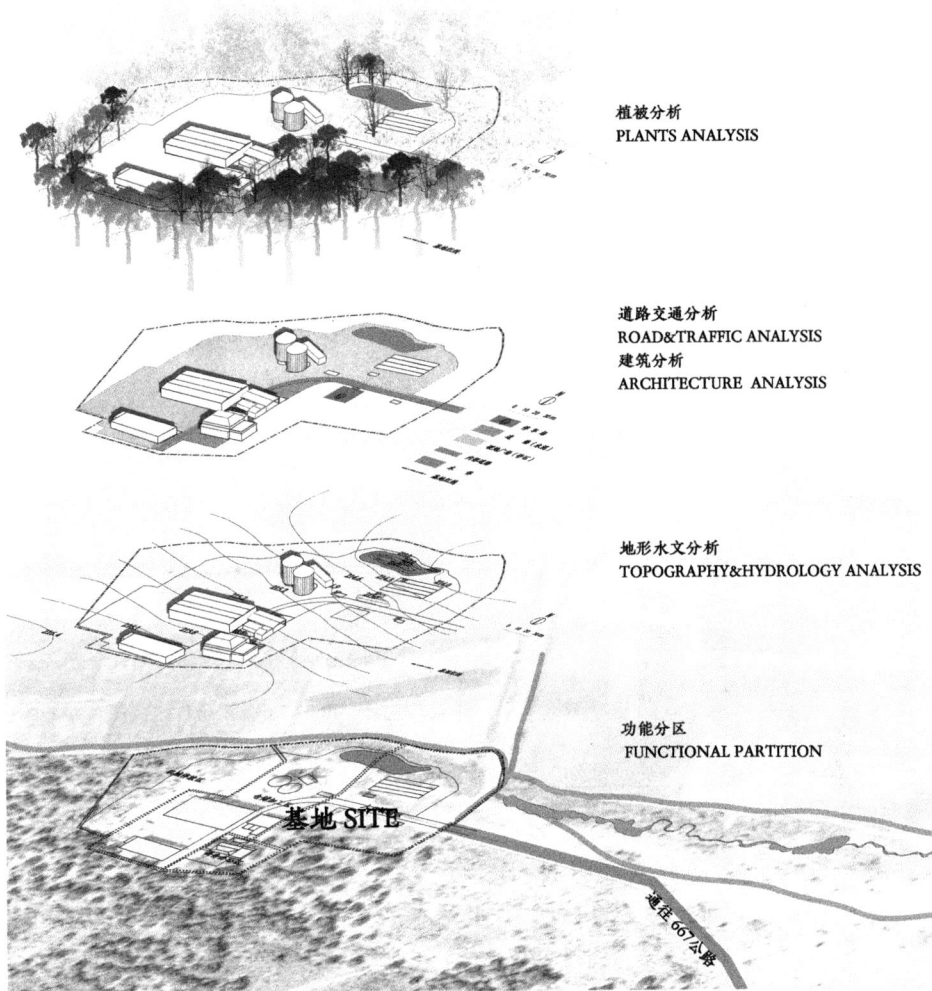

植被分析
PLANTS ANALYSIS

道路交通分析
ROAD&TRAFFIC ANALYSIS
建筑分析
ARCHITECTURE ANALYSIS

地形水文分析
TOPOGRAPHY&HYDROLOGY ANALYSIS

功能分区
FUNCTIONAL PARTITION

基地 SITE

道往 667公路

图 6-30　基地地形、水文、道路与植被综合分析

（四）现状建筑风貌

基地内现有建筑多为服务于生产功能的建筑,如大棚、谷仓、仓库、办公楼、维修车间等(见表 6-3),缺少体现当地建筑风格和特色的建筑或小品。中心建筑为谷仓,约 12m,呈圆柱形,通过传输管与卸粮仓相连;加工车间、维修车间、化肥储藏间、辅助建筑为一层白墙厂房,约 6~8m;办公楼位于园区东西部,墙面呈黄色,屋顶铺有红色琉璃瓦,楼层均高约 3m;大棚为塑料大棚,约 2m。

表 6-3　建筑风貌一览表

谷仓	加工车间	维修车间
12～15m	6～8m	6m
金属圆柱形 圆锥顶面	白色砖墙 双硬山顶	白色砖墙 平顶
温室大棚	办公楼	辅助用房
2m	1～3 层,层高 3m	2m
塑料大棚 顶部为黑色遮阳布	黄色砖墙 屋顶为红色琉璃瓦	集装箱铁皮房 或砖墙铁皮顶

三、农业园服务区景观设计

本次设计以一带一路背景框架下"中东欧 16＋1"农业合作园区产业园区规划为起点,基于参观浏览需求增加及该农业合作模式的不断推广,该产业园区作为农业示范点,其整体形象及游憩功能亟待提升。

（一）设计概念——彩色丝带

"一带一路"合作倡议借用古代丝绸之路的历史符号,高举和平发展气质,将丝绸之路沿线国家的发展和际遇串联在一起形成一个有机整体,基于"17＋1"合作倡议的背景,本方案将对文化内涵的发掘和应用作为中心概念和灵感来源,将"一带一路"的重要概念演化成一条彩色丝带,从空间、色彩上重新规划梳理人行流线,通过亮丽夺人的色彩和富有内涵的形态提升园区的整体形象（见图 6-31）。彩色丝带上点缀有大量的当地传统符号,也意在表现以中国为主导的"一带一路"合作倡议中,保加利亚是重要的成员国之一,两国之间的贸易合作和文化交流是非常重要的。

图 6 - 31 设计总平面图

平面图中的彩色丝带代表了"一带一路"的指引,也作为主要的游览路径带领游客参观园区。该路径串联了园区中的 20 个节点,其中包括了原有的农业生产点和为游客新增的广场、休憩、花园等功能区。对原有车行路径进行了规整与优化,将客车和货车及行人进行分流,在保障正常农作生产的基础上,为参观活动提供了更加安全便捷舒适的环境。在考虑参观人群的同时,也为当地的员工增加了户外休闲区域,提升了工作环境品质。

(二) 规划功能分区

园区主要服务对象包括长期驻扎基地的工作人员——保加利亚工人和驻保加利亚的中国农垦集团员工,和短期来访的商务人员、参观旅游的游客两大类。工作人员对园区景观的需求为工作生产活动便利、休息期间放松舒适;短期商务与参观旅游的人员对园区景观需求是舒适的视觉体验,并能从特征性景观中获取具有代表性的园区信息。

依据不同服务人群和使用需求,方案将示范区分成两个功能区:生产为主区域和游览为主区域(见图 6 - 32)。生产区域位于园区的西南部,包括仓储加工、机械停放和车辆维修。游览区域位于园区的东北部,包括入口广场、活动广场和玫瑰花园。园区中心区域兼有生产和游览的功能,包括谷仓、加工厂和办公大楼。

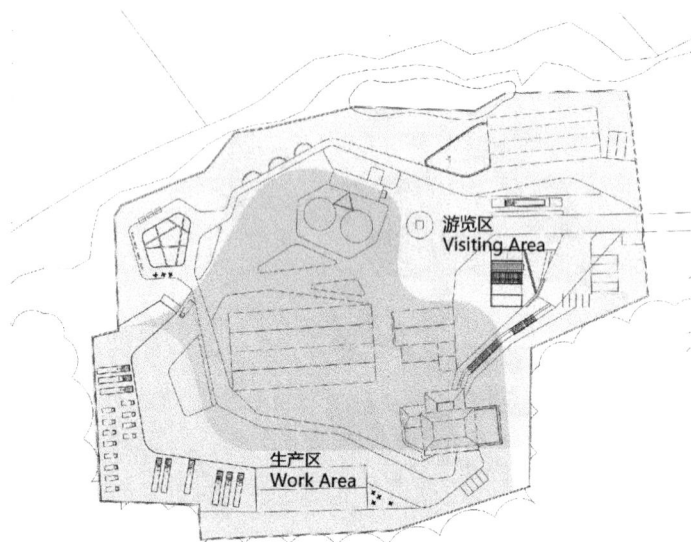

图 6-32　规划功能分区

（三）交通流线分析

　　场地现状的交通组织比较混乱,人行、车行流线不清,停车场地布置随意,而基地内的车辆大多为重型农用车,存在一定的安全隐患。因此,本方案对交通路线进行了重新梳理,采用"人行包围车行"的策略,尽量减少人车冲突点(见图 6-33)。车行道路又将生产加工用的货车与商务游览用的客车进行分离,通过行车路线的重新规划连接将不同建筑功能进行串联。人行流线主要在外圈围绕游览区,从入口广场区出发,沿着彩虹步行流线串联 7 个游览节点,拉长游线,增加游览趣味性。

（四）景观游线分析

　　景观游线主要沿着设计主题"彩色丝带",串连多处廊架、景墙、小品(见图 6-34)。小品均装饰以保加利亚传统纹饰,通过对大量保加利亚教堂、陈列馆、民居等相关文化资料收集与分析,对当地的服饰、雕塑等工艺品上运用的符号和纹饰加以提取与组合,融入场地细节设计中,意蕴无穷(见图 6-35～图 6-38)。

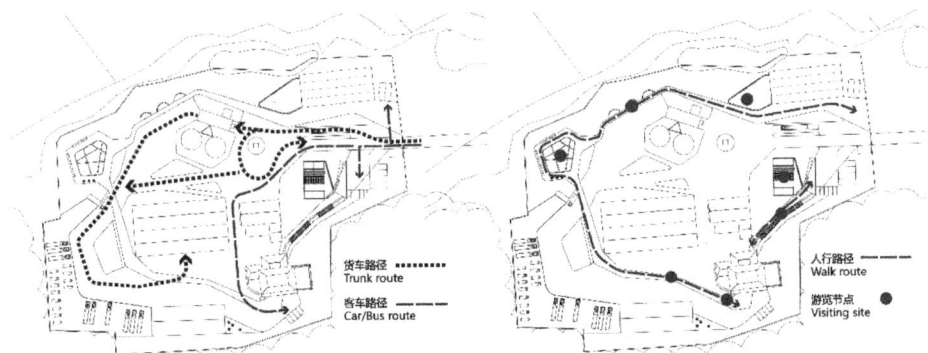

图 6 - 33　交通流线分析

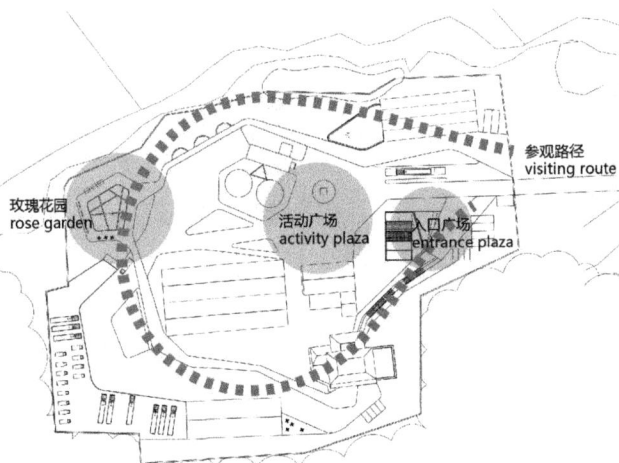

图 6 - 34　景观游线分析

图 6 - 35　赏花游廊

图 6 - 36 "一带一路"文化展示墙

图 6 - 37 芳香游园

图 6 - 38 休憩小广场

（五）植被设计

本方案基于调研中对于保加利亚乡村生态资源的调查，梳理并总结了保加利亚乡村常用的植物种类，并应用在园区的生态设计和植物配置中（见图6-39）。庭院主要由玫瑰、向日葵、白蜡、臭椿等乡土植物，部分农业经济作物来营造乡土景观，不仅与农业园的定位相匹配，还借助植物彰显保加利亚当地文化，唤起乡村记忆。

| 菊科 | 蔷薇科 | 豆科 | 玄参科 | 松科 | 茄科 | 唇形科 |

图6-39 选用的保加利亚乡土植物

四、园区入口设计

为园区重新设计入口大门及围墙，以突出企业形象，界定景观门户空间。该入口设计以两条相互缠绕的丝带为意向，寓意着两国之间合作交流友谊长存，与园区整体的"丝带"主题保持一致（见图6-40）。入口扭动的形体结合了工程车、小汽车、人行三种尺度，将三种流线在入口处分开，减少相互干扰（见图6-41）。

图6-40 入口设计概念演绎

图 6-41　园区入口将行人、商务车与工程车的流线区分开

　　入口设计将构筑物与植被结合,利用绿植进行遮阳和装饰,还可以进行农作物展示,体现了农业园的功能定位。入口平面呈纺锤形,两侧逐渐变窄,与整个园区的围墙相连接。围墙使用铁丝网编织的形式,和入口形式统一(见图 6-42)。

图 6-42　基地入口空间效果图

五、国家农业合作示范园综合楼建筑设计

(一)总体设计

　　方案将综合楼设置在园区入口处,以集办公、住宿、员工休闲、接待、旅游、企业形象展示等功能于一体为设计目标,建设拥有保加利亚产业特色、玫瑰精油体

验区等企业特色产业的综合性服务楼(见图6-43)。

图6-43　综合楼效果图

　　保加利亚乡村建筑受到政治、经济、习俗、地形、家庭规模等多方面的因素影响,形成了一系列独特的建筑风格和元素:以院为家(与庭院设计相结合,通过爬藤、廊架、植物等元素打通室内外空间)、向阳生活(设置阳光房)、户外挂梯(将楼梯放置于户外)、入口内凹(在入口处设置悬臂式遮阳板,入口空间向内凹陷,形成接待活动空间)、以石为筑(采用当地石材、砖块、水泥作为建筑材料)、坡顶为主(考虑成本、排水,以坡顶为主)。建筑方案综合了保加利亚乡村建筑的上述特色以及农业园的实际需求(见图6-44),结合中国设计师的理解,打造具有中保风情的公共建筑,翘首而立园区入口,提升园区形象(见图6-45)。

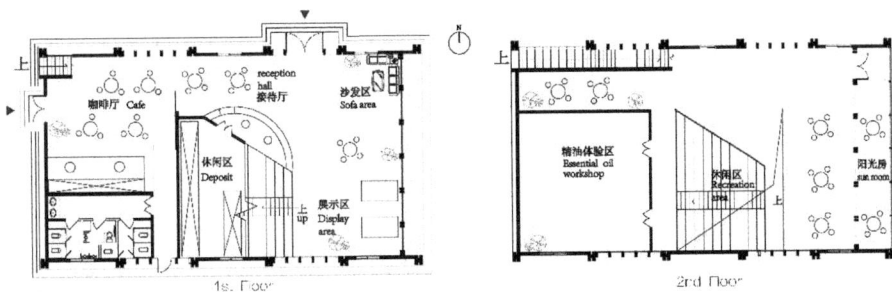

图6-44　建筑一层与二层平面图

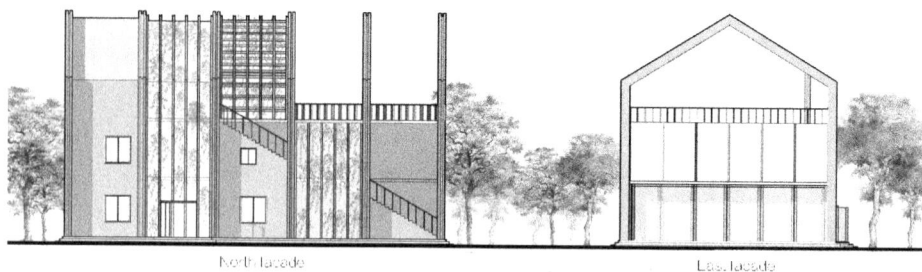

图 6-45　建筑立面图

（二）现状建筑立面改造

园区原有仓库墙体留有大片空白，设计以中国和保加利亚的乡村振兴为主题，利用大面积墙体绘制墙画，弘扬中国文化和中国智慧的同时，寓意中保两国乡村共同发展（见图 6-46）。

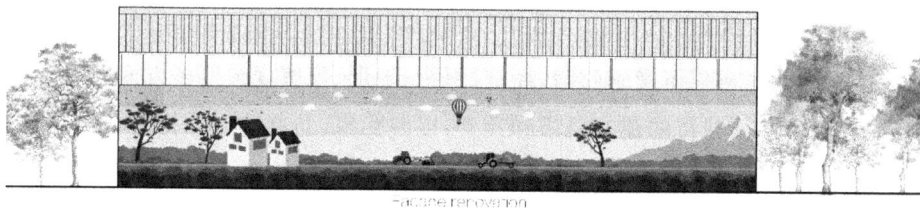

图 6-46　墙画效果图

第五节　保加利亚乡村振兴研究的借鉴意义

保加利亚乡村与中国乡村发展在历史、人文、经济等方面有着诸多类似，目前也都面临着近乎相同的困境与挑战。2017 年党的十九大明确提出乡村振兴战略，将农村发展提升到国家战略高度，并提出了建设"产业兴旺、生态宜居、乡风文明、治理有效、生活富裕"乡村的总要求。保加利亚的乡村发展路径与特征或可作为我国乡村发展的参照研究对象。

从村庄格局来说，中国与保加利亚乡村在选址、相地上都凸显出质朴的生态智慧。大多村落依山傍水，就势而建。保加利亚村落的空间结构大多有明显中心,作为宗教活动、公共社会服务以及商业文化活动的集中空间。村落道路大多规整宽敞,划分出村庄生活居住街区,村落的出入口边界较为模糊。中国大多传统村庄拥有较为明显的村庄边界与标志性出入口,辅以门楼、古树等地标性景观。

　　建筑风貌是传统村落最突出的外在表现特征,保护建筑风貌是活化传统建筑、传承地域文化的关键因素。保加利亚乡村建筑风貌非常统一。虽然由于外出人员返乡、外籍度假人口迁入,新建住宅的建筑风格在一定程度上受到现代建筑与外来文化的影响,呈现较为多元化的形式,但传统的保加利亚建筑风格仍然主导着保加利亚乡村建筑形态。尤其是公共建筑,如教堂、村民活动中心、图书馆等,大多体现出明显的保加利亚乡村风貌。但中国乡村风貌则与此不同。除了历史文化名镇名村与政府部门的建设控制,中国少有村庄能够自主地大规模保留传统民居。这不仅因为中国传统建筑维护困难,也与中国居民的生活习俗相关。中国乡村居民比较重视以建筑的外在形式体现自己的经济地位,经济条件许可的情况下就经常进行房屋的翻修,尤其重视外立面形象的与众不同。从 20 世纪 80 年代开始,中国乡村出现大量欧式风格的住宅,甚至以大理石作为外墙材料成为乡村豪华民居的标志。

　　保加利亚乡村居民更为看重生活空间的惬意舒适。一方面,很多人不愿意改变传统的生产生活习惯,这让保加利亚乡村在建筑空间布局、功能及外观上得以延续传统;另一方面,保加利亚村民认为生活的舒适不体现在建筑外观上,因此他们会花更多的精力打造庭院景观,植物、铺装、构筑物都就地取材,兼顾经济价值与生态性。庭院入口大多设置葡萄藤架,形成具有保加利亚特色的生态景观廊道;院内廊架下放置桌椅,三两家人与好友聚会闲聊;会在窗户上放置花盆,会沿墙种植攀援植物;会将花卉、葡萄藤种植到院外路边的公共空间,让少有行道树的保加利亚乡村宅间道路上生意盎然、温情脉脉。在植物的花团锦簇中,建筑的陈旧就变成了风情,乡土情怀通过种植凸显出来。在这方面,我国可借鉴保加利亚乡村经验,进行建筑风貌整治和保护的同时,注重以生态乡土种植体现乡村文化特色,逐步引导改变中国乡村居民的庭院生活环境。

　　保加利亚乡村的环境建设与服务设施相对来说比较陈旧,大多建于 20 世纪 80 年代之前,但这些村级服务设施与场地环境在建设初期大多就规划齐全、配置完善,研究组在对奥格尼亚诺沃村官员进行采访时,看到了该村 20 多年前的规划图纸。规划的前瞻性保证了村公共服务设施与市政基础设施目前仍然发挥着重要作用。几乎每一个保加利亚村庄都有文化活动中心、村文化展览馆(或博物馆)、中心活动广场与公共绿地等,这些公共空间与乡村文化、宗教信仰一起将村民更好地凝聚在一起,获得更强的归属感。

保加利亚乡村对于传统文化的传承与保护观念极强。推动保加利亚乡村传统非遗文化保护的核心力量不是专业艺术家、知识精英,也不是依靠文化产业,而是那些共同生活在乡村的普通村民们与文化之间的真实互动。村民为本村传统文化的保护与传承自发形成了民间力量。除了各村的公共文化馆,还有大量的私人博物馆征集和研究民俗资料,展示村庄历史、传统工艺、传统文化。绝大多数乡村还有自己的传统节日与乡庆,组织当地民间演艺团体表演保加利亚传统民族舞、民族器乐、民间声乐等文化活动。这类文化活动同时还承载着村民文化艺术教育的作用,让保加利亚的大量优秀传统技能、艺术、民俗等能在数百年的殖民统治中在乡村得以延续。保加利亚村庄这种以村民为文化参与主体的理念,逐渐形成自下而上的文化管理机制,增强村庄凝聚力的同时,实现了文化振兴的在地化和去专业化,值得中国乡村借鉴。

当然保加利亚乡村目前问题诸多,经济衰退导致人口向城市乃至境外流失就是核心问题。乡村"主体"缺失会让经济振兴失去潜力,让文化失去生命力,进而让乡村走向衰落。中国的乡村振兴应该引以为戒。中国的城镇化水平还会继续提高,仍然会有乡村人口向城市转移,但近几年对乡村发展的政策倾斜,让部分城镇人口开始回流乡村。乡村振兴战略实施需要坚持城乡的融合发展,坚持农业农村的优先发展,强化乡村振兴的制度性供给,才能留住村民、引进新村民。

参考文献

[1] 毕昕,李晓东.保加利亚传统民居建筑研究[J].中国名城,2015(03):75-79.

[2] Chinadaily,面临人口危机的 10 个国家,http://language.chinadaily.com.cn/a/201808/14/WS5b7228f6a310add14f3858e8.html,2018/08/14.

[3] 车生泉.城市绿地调查与低碳植物群落研究——以华东地区为例[M].上海:上海交通大学出版社,2015.

[4] 车生泉.城市生态型绿地研究[M].北京:科学出版社,2012.

[5] 车生泉,杨知洁,倪静雪.上海乡村景观模式调查和景观元素设计模式研究[J].中国园林,2008(08):21-27.

[6] 车生泉,张凯旋.生态规划设计——原理、方法与应用[M].上海:上海交通大学出版社,2013.

[7] 陈爽,詹志勇.南京城市森林结构特征与管理对策[J].林业科学,2004,40(6):158-164.

[8] 达良俊,杨永川,宋永昌.浙江天童山国家森林公园常绿阔叶林主要组成种的种群结构及更新类型[J].植物生态学报,2004(03):376-384.

[9] 范颖.乡村旅游开发指引下的四川村镇聚落景观衍变[J].山西建筑,2014,40(24):11-13.

[10] 韩冠男.京郊新农村建设中的村庄绿化规划研究[D].北京:北京林业大学,2010.

[11] 胡绪海.新农村建设中村庄绿化模式研究[D].杭州:浙江农林大学,2011.

[12] 黄怡,邓宏,王华,等.乡村振兴背景下川中丘陵区传统聚落水系景观设计策略研究——以绿点竞赛关昌村为例[J].建筑与文化,2019(09):119-120.

[13] 雷明,马海超,李浩民,等.区域低碳发展及空间依赖——基于2005—2015年中国省级数据的分析[J].科技导报,2018,36(02):20-37.

[14] 黎磊,陈家宽.气候变化对野生植物的影响及保护对策[J].生物多样性,2014,22(5):549-563.

[15] 李德明,程久苗.乡村旅游与社区经济互动持续发展评估研究——以安徽省黟县西递为例[J].资源开发与市场,2007(04):292-295.

[16] 李树华.建造以乡土植物为主体的园林绿地[J].中国园林,2005(01):50-53.

[17] 李羽佳.ASG综合法景观视觉质量评价研究[D].哈尔滨:东北林业大学,2014.

[18] 梁发超,刘诗苑,刘黎明.基于"居住场势"理论的乡村聚落景观空间重构——以厦门市灌口镇为例[J].经济地理,2017,37(03):193-200.

[19] 刘滨谊.中国小城镇乡村景观绿化建设[J].中国城市林业,2003(01):55-56.

[20] 刘滨谊,王玲.建设慢节奏生态化的风景地区旅游小城镇[J].中国园林,2009(11):11-16.

[21] 刘滨谊,王云才.论中国乡村景观评价的理论基础与指标体系[J].中国园林,2002(05):77-80.

[22] 刘滨谊,杨铭祺.景观与旅游区AVC评价量化模型——以玄武湖景观区总体规划为例[J].中国园林,2003(06):63-64+69-70.

[23] 刘志平.海南文明生态村聚落景观的调查分析与评价研究[D].海口:海南大学,2012.

[24] 柳潇,车生泉,王玲.都市农业旅游产业集群判定研究[J].上海交通大学学报(农业科学版),2013,31(4):34-39.

[25] 陆元鼎.从传统民居建筑形成的规律探索民居研究的方法[J].建筑师,2005(03):5-7.

[26] 孟娜,车生泉,李玉红,王玲.农业科技示范园的特征定位及功能分区研究——以山东高青绿色农业科技示范园为例[J].中国农学通报,2014,30(1):271-277.

[27] 牛斌惠，刘鑫.乡村聚落景观的保护与发展初探——以渝东南地区的乡村为例[J].园林,2019(07):47-51.

[28] 邱婷婷,车生泉,王玲.农业景观资源对旅游者的吸引力探究——基于旅游照片的内容分析[J].上海交通大学学报(农业科学版),2015,33(5):68-75.

[29] 桑吉草.文化视角下迭部藏族乡村聚落景观特征研究[D].西安:长安大学,2018.

[30] 孙潇南,赵芯,王宇泓,等.基于VR全景图技术的乡村景观视觉评价偏好研究[J].北京林业大学学报,2016,38(12):104-112.

[31] 唐卉.都市郊区乡村聚落景观格局特征及影响因素分析[J].南方农业,2018,12(18):74-75.

[32] 王恩涌,赵荣,张小林,等.人文地理学[M].北京:高等教育出版社,2006:191.

[33] 王冬灵,车生泉,王玲.社区支持农业(CSA)型都市农业观光园优化设计——以上海市崇明开心农庄为例[J].上海交通大学学报(农业科学版),2013,31(4):12-18.

[34] 王玲,车生泉,柳潇.上海都市农业旅游空间结构研究[J].上海交通大学学报(农业科学版),2013,31(2):12-18.

[35] 王路.乡村建筑传统村落的保护与更新——德国村落更新规划的启示[J].建筑学报,1999(11):16-21.

[36] 王琼英,唐代剑.基于城乡统筹的乡村旅游价值再造[J].农业经济问题,2012,33(11):66-71,111.

[37] 王秋鸟,邓华峰.基于AVC的乡村景观综合评价研究——以三岔村为例[J].西北林学院学报,2016,31(03):298-303.

[38] 王伟,杨豪中,陈媛,等.乡村生态景观的构建与评价研究[J].西安建筑科技大学学报(自然科学版),2015,47(03):448-452.

[39] 王学军.空间分析技术与地理信息系统的结合[J].地理研究,1997(03):70-74.

[40] 吴唯佳,唐婧娴.应对人口减少地区的乡村基础设施建设策略——德国乡

村污水治理经验[J].国际城市规划,2016,31(04):135－142.

[41] 吴征镒.中国植被[M].北京:科学出版社,1995.

[42] 肖禾,李良涛,张茜,等.小尺度乡村景观生态评价及重构研究[J].中国生态农业学报,2013,21(12):1554－1564.

[43] 谢旻.基于生态敏感性评价的乡村景观规划设计[D].北京:北京林业大学,2016.

[44] 杨知洁,车生泉.上海乡村聚落形态及景观风貌浅析[J].上海交通大学学报(农业科学版),2010,28(3):225－231.

[45] 于崧,张翼飞,王崑,等.基于 RAGA 的 PPC 模型在城市公园绿地景观生态美学评价中的应用[J].生态学杂志,2010,29(4):826－832.

[46] 郁献军,过伟敏.黔中布依族乡村聚落景观特征及保护开发对策[J].贵州民族研究,2018,39(05):49－52.

[47] 岳邦瑞,郎小龙,张婷婷,等.我国乡土景观研究的发展历程、学科领域及其评述[J].中国生态农业学报,2012,20(12):1563－1570.

[48] 翟健,金晓春.城市规划中的 GIS 空间分析方法[J].城市规划,2014,38(S2):130－135.

[49] 张凯旋.上海环城林带群落生态学与生态效益及景观美学评价研究[D].上海:华东师范大学,2010.

[50] 张琳.旅游视角下的乡村景观特征及规划思考——以云南元阳阿者科村为例[J].风景园林,2017(05):87－93.

[51] 张婷,周娴,车生泉.郊野公园植物群落评价体系构建研究——以上海市为例[J].安徽农业科学,2014,20:6682－6685.

[52] 张中华.传统乡村聚落景观"地方性知识"的构成及其应用——以陕西为例[J].社会科学家,2017(07):112－117.

[53] 张祖群,赵荣,杨新军,等.中国传统聚落景观评价案例与模式[J].重庆大学学报(社会科学版),2005,11(2):18－22.

[54] 郑子敏,黄华明.欧洲乡村景观布局及建筑特色研究——以波兰扎科帕内为例[J].美与时代(城市版),2018(05):12－13.

[55] 朱辉.乡土植物在园林绿化中的应用探究[J].现代园艺,2016(12):115.

［56］褚兴彪. 山东乡村聚落景观评价模型构建与优化应用研究［D］. 长沙：湖南农业大学，2013.

［57］驻保加利亚经商参处.2007－2017 年内保加利亚人口减少 41.6 万［OL］. http://bg. mofcom. gov. cn/article/ddgk/zwrenkou/201804/20180402731617. shtml，2018/04/12.

［58］庄云翔. 沈阳地区乡村景观评价研究［D］. 长春：吉林大学，2014.

［59］Aleksandrov K，Kilimperov I. The role of destination management organizations（DMOS）for sustainable rural tourism in Bulgaria［J］. Scientific Papers Series Management，Economic Engineering in Agriculture and rural development，2018，18(2):11－16.

［60］Angelova M. Opportunities for rural tourism development in Bulgaria ［J］. Agricultural Economics and Management，2000，45(1):52－55.

［61］Angileri V，Toccolini A. The assessment of visual quality as a tool for the conservation of rural landscape diversity［J］. Landscape and Urban Planning，1993，24(1－4):105－112.

［62］Bachev H.，S. Che，S. Yancheva（Editors）：Agrarian and Rural Revitalisation Issues in China and Bulgaria［M］. Sofia：KSP Books，2018

［63］Bachev H.，B. Ivanov，D. Toteva，E. Sokolova：Agrarian Sustainability and its Governance—Understanding，Evaluation，Improvement［J］. Journal of Environmental Management and Tourism. 2016，16(4):639－663.

［64］Bachev H.，B. Ivanov，D. Toteva and E. Toteva：Agrarian sustainability in Bulgaria—economic，social and ecological aspects［J］. Bulgarian Journal of Agricultural Science，2017，23 (4)，519－525.

［65］Bachev H.，Ivanov B.，Toteva，D.. An Evaluation of the Socio-economic and Ecological Sustainability of Agrarian Ecosystems in Bulgaria［J］. Economic Thought Journal，2019,(2):33－80.

［66］Bachev H.，Terziev D.. Sustainability of Bulgarian Farms［J］. International Journal of Food and Agricultural Economics（IJFAEC），2018，06(2):

73 - 84.

[67] Bachev H.. Impact of Governing Modeson Agrarian Sustainability in Bulgaria[J]. Journal of Economic and Social Thought，2018，5(1):72 - 110.

[68] Bachev H.. Socio-economic and Ecological Sustainability of Smallholder Agricultural Holdings in Bulgaria[J]. Journal of Economic and Social Thought,2017,4(2):247 - 260.

[69] Bachev H.. Assessing Multi-aspects and Integral Sustainability of Bulgarian Farms[J]. Journal of Social and Administrative Sciences，2017,4(1): 53 - 86.

[70] Bachev H.. Smalholders' Market Inclusion through Improved Eco-management—The Case of Bulgaria [J]. Turkish Economic Review，2016,3(2):349 - 366.

[71] Balent G，Courtiade B. Modelling bird communities/landscape patterns relationships in a rural area of South-Western France[J]. Landscape Ecology，1992，6(3):195 - 211.

[72] Carter F W，Kaneff D. Rural diversification in Bulgaria[J]. Geojournal，1998，46(3):183 - 191.

[73] Creed G W. Agriculture and the domestication of industry in rural Bulgaria[J]. American Ethnologist，1995，22(3):528 - 548.

[74] Dimitrov D K，Ivanova M. Trends in organic farming development in Bulgaria：applying circular economy principles to sustainable rural development [J]. Visegrad Journal on Bioeconomy and Sustainable Development，2017，6(1):10 - 16.

[75] Fatimah T. The impacts of rural tourism initiatives on cultural landscape sustainability in Borobudur area[J]. Procedia Environmental Sciences，2015(28):567 - 577.

[76] Feranec J，Stoimenov A，Otahel J，et al. Changes of the rural landscape in Slovakia and Bulgaria in 1990 - 2000 identified by application of the

CORINE land cover data (case studies—Trnava and Plovdiv regions) [J]. Center for Remote Sensing of Land Surfaces, 2006(28):30.

[77] Goodey B. In methods of environmental impact assessment[M]. London: Oxford Brooks University UCL Press, 1995:78 - 95.

[78] Gulinck H, et al. A framework for comparative landscape analysis and evaluation based on land cover data, with an application in the Madrid region(Spain)[J]. Landscape and Urban Planning, 2001(55):257 - 270.

[79] Iiyama N, Kamada M, Nakagoshi N. Ecological and social evaluation of landscape in a rural area with terraced paddies in southwestern Japan [J]. Landscape and Urban Planning, 2005, 70(3):301 - 313.

[80] Ivan K.. Current State, Development Opportunities and Promotion of Rural and Agricultural Tourism in Bulgaria[J]. Scientific Papers Series Management, Economic Engineering in Agriculture and Rural Development, 2017, 17(2):173 - 178.

[81] Ivanka L., Yulia D.. State Of-The-Art and Development of Rural Tourism in Bulgaria[J]. International Journal of Economic Practices and Theories, 2014, 4(3):383 - 391.

[82] Kaneff D. Developing rural Bulgaria [J]. Cambridge Anthropology, 1995:23 - 34.

[83] Krasteva, I. Prospects for rural development in the context of sustainable development [C]. Scientific and applied international conference "Development of agribusiness and rural regions in Bulgaria and EU— perspectives 2020", University of Economics—Varna, 2012:409 - 414.

[84] Lazarek R. Cooperative tourism and rural organization in Bulgaria, Hungary, Poland, Romania, Czechoslovakia[J]. Le tourisme en milieu rural. Congrès de Madrid, 19 et 20 Octobre, 1984:115 - 117.

[85] Lipsky Z. The changing face of the Czech rural landscape[J]. Landscape and Urban planning, 1995, 31(1 - 3):39 - 45.

[86] Lulcheva I, Arseniou S. Synergy—Rural tourism and sustainable development

of rural areas in Bulgaria[J]. Scientific Papers Series Management, Economic Engineering in Agriculture and Rural Development, 2018, 18(3):243 - 250.

[87] Marinov A. Hidden economy in the rural regions of Bulgaria[J]. International Review on Public and Nonprofit Marketing, 2008, 5(1): 71 - 80.

[88] McGranahan D A. Landscape influence on recent rural migration in the US[J]. Landscape and Urban Planning, 2008, 85(3 - 4):228 - 240.

[89] Nikolova M, Linkova M, Lazarova E. Opportunities for Formation of the Agro-Tourist Product in Bulgaria[J]. Dialogue-E-journal, 2010(5): 172 - 189.

[90] Nowak A, Grunewald K. Landscape sustainability in terms of landscape services in rural areas: Exemplified with a case study area in Poland[J]. Ecological indicators, 2018, 94(1):12 - 22.

[91] Penin R, Zhelev D. Landscape Transformations in the Rural Areas of the East Upper Thracian Plain (Southeast Bulgaria)[J]. Journal of Settlements and Spatial Planning, 2014 (3):113.

[92] Pinto-Correia T. Future development in Portuguese rural areas: how to manage agricultural support for landscape conservation? [J]. Landscape and Urban Planning, 2000, 50(1 - 3):95 - 106.

[93] Preiss E, Martin J L, Debussche M. Rural depopulation and recent landscape changes in a Mediterranean region: consequences to the breeding avifauna[J]. Landscape ecology, 1997, 12(1):51 - 61.

[94] Ra J H, Lee Y E, Cho H J, et al. Development and application of landscape diversity evaluation model on the basis of rural and natural area[J]. Journal of the Korean Institute of Landscape Architecture, 2013, 41(6):84 - 95.

[95] Steinhardt U. Applying the fuzzy set theory for medium and small scale landscape assessment[J]. Landscape and Urban Plannng, 1998(41):

203 – 208.

[96] Terziev, D., D. Radeva (2016): Studying the New Agriculture. 2nd International Conference on Development and Economics (I. CO. D. ECON.). Thessaloniki, Greece, Conference proceedings[OL]. https://icodecon.com/images/docs/proceedings_2017_3_18.pdf, 175 – 179.

[97] Terziev V, Arabska E. Sustainable rural development through organic production and community-supported agriculture in Bulgaria [J]. Bulgarian Journal of Agricultural Science, 2016(22):527 – 535.

[98] Tsekov N. Regional policy for rural settlements in Bulgaria[J]. Journal of economic and social geography, 1992, 83(5):402 – 408.

[99] Valentin C. S., Ilona E. C., Lucian C.. An Exploratory Research on Rural Areas According to Nuts Classification, in two Neighboring Countries: Romania and Bulgaria[J]. Scientific Papers Series Management, Economic Engineering in Agriculture and Rural Development, 2017, 17(2): 301 – 308.

[100] Van der Horst D, Toke D. Exploring the landscape of wind farm developments: local area characteristics and planning process outcomes in rural England[J]. Land Use Policy, 2010, 27(2):214 – 221.

[101] Yarkova Y, Stoykova B. Sustainability of rural tourism in the Smolyan Municipality of Bulgaria[J]. Trakia Journal of Sciences, 2008, 6(3): 31 – 40.

索　引

Y

Z